中华优秀传统文化教育

白　珂　何华夏　著

中国商业出版社

图书在版编目(CIP)数据

中华优秀传统文化教育 / 白珂，何华夏著. -- 北京 ：中国商业出版社，2024. 9. -- ISBN 978-7-5208-3145-1

Ⅰ. K203

中国国家版本馆 CIP 数据核字第 2024DD7594 号

责任编辑:管明林

中国商业出版社出版发行

(www.zgsycb.com　100053　北京广安门内报国寺 1 号)

总编室:010－63180647　编辑室:010－83114579

发行部:010－83120835/8286

新华书店经销

天津和萱印刷有限公司印刷

*

787 毫米×1092 毫米　16 开　9.25 印张　160 千字

2024 年 9 月第 1 版　2024 年 9 月第 1 次印刷

定价:45.00 元

* * * *

(如有印装质量问题可更换)

前　言

在浩瀚的历史长河中，中华民族以其独特的智慧和创造力，孕育了博大精深的优秀传统文化。这些文化瑰宝，不仅是中华民族的精神命脉，也是全人类文明的宝贵财富。它们蕴含着丰富的道德观念、文学艺术、科技智慧，以及独特的生活方式和社会习俗，为后世提供了无尽的思想滋养和精神支撑。对中华优秀传统文化教育的研究，有助于中华优秀传统文化的传承与发展。

本书从中华优秀传统文化概述入手，阐述了中华优秀传统文化教育的教材与课程建设、中华优秀传统文化教育的实施途径，然后对中华优秀传统文化教育的教学模式创新展开论述，最后对中华优秀传统文化教育的师资队伍建设进行了深入探讨。希望通过本书的介绍，能够为读者提供中华优秀传统文化教育方面的帮助。

在撰写过程中，笔者参阅了相关文献资料，在此，谨向其作者深表感谢。

由于笔者水平有限，加之时间仓促，书中难免存在不足和疏漏，敬请广大读者批评指正。

著　者

2024 年 7 月

目　录

第一章　中华优秀传统文化概述

第一节　中华优秀传统文化的定义与内涵

一、中华优秀传统文化的基本定义

（一）文化的基本概念

文化是一个宽泛而复杂的概念，涵盖了人类社会生活的方方面面。从广义上讲，文化是指人类在社会历史发展过程中所创造的物质财富和精神财富的总和，包括文学、艺术、教育、科学、技术、风俗习惯等各个领域。文化是一个民族赖以生存和发展的精神家园，是社会成员共同的价值追求和行为准则，是一个国家、一个民族的精神象征。

文化的内涵是丰富多彩的，但归根结底可以概括为物质文化和精神文化两个方面。物质文化是指人类在生产生活实践中创造的一切物质成果，如生活资料、生产工具、科学技术等。它是人类改造自然、适应环境的产物，反映了人与自然的关系。而精神文化则是人类社会意识的反映，包括文学艺术、道德伦理、价值观念、审美情趣等，反映了人与人、人与社会的关系。物质文化是基础，精神文化是核心，二者相互依存、相互促进，共同构成了文化的完整体系。

作为一种历史现象，文化具有继承性和发展性的特点。任何一种文化都不是凭空产生的，而是在继承前人创造的基础上加以发展形成的。每一代人都要在前人留下的文化遗产中汲取营养，并在此基础上进行新的创造，推动文化不断发展。同时，随着社会生产力和科学技术的进步，人类认识水平的提高，文化也在不断地发展变化，呈现出与时俱进的时代特征。

（二）传统文化的定义

尊重与包容是中华优秀传统文化教育师资必备的道德品行修养。作为传道授业解惑的教育工作者，教师首先要以身作则，在言谈举止中体现出对他人的尊重和包容。只有教师自身具备这种高尚品德，才能感染和引导学生，帮助其形成正确的人生观和价值观。

尊重是教育的基础。每个学生都是独特的个体，有自己的特点、需求和潜力。教师要尊重学生的人格尊严，平等对待每一位学生，充分信任和理解他们。在教学过程中，教师应该倾听学生的心声，关注其情感需求，尊重其个性发展。对学生的错误和缺点，教师要以宽容的心态给予引导，而不是简单地批评和否定。只有在尊重和信任的氛围中，学生才能放下戒备，敞开心扉，积极主动地投入学习。

包容是教育的润滑剂。教育过程中难免会遇到各种矛盾和冲突，如师生观点的分歧、学生之间的争执等。这时，教师要以包容的心态看待问题，充当好调解人的角色。对不同观点，教师要虚心听取，允许存在差异，引导学生求同存异、包容并蓄。对学生的过失，教师要给予理解和宽恕，帮助其认识错误、改正错误，而不是一味地责备和惩罚。通过包容，教师能够化解矛盾，营造和谐的师生关系和同学关系，构建良好的教育生态。

（三）优秀文化的标准

优秀文化的标准是指衡量一种文化是否具有积极价值、是否值得传承和弘扬的评判尺度。它既包括文化自身的内在品质，也涉及文化对个人、社会乃至人类文明进步的影响。一般而言，优秀文化应当具备以下几个方面的特征。

优秀文化必须体现人文关怀，彰显以人为本的价值取向。它应当尊重人的尊严，关注人的全面发展，激发人的主体意识，满足人的精神需求。无论是中华优秀传统文化中的“仁爱”思想，还是西方人文主义传统中的“自由、平等、博爱”理念，都体现了这一点。一种文化只有将人的幸福和发展作为出发点和归宿，才能焕发出强大的生命力。

优秀文化应能够在继承传统的基础上不断创新发展。一种文化要保持旺盛的生命力，就必须顺应时代发展，回应现实需求，在守正创新中实现自我更新。比如，儒家文化历经千年而不衰，很重要的一个原因就在于它能够在传承仁、义、礼、智、信等核心价值的同时，不断吸收外来文化养分，推陈出新，从而获得强大的生命力。

优秀文化还应当具有鲜明的民族特色和时代风貌。每一个民族都有自己独特的历史记忆、价值追求和审美情趣，这些要素交织在一起，形成了独特的民族文化基因。民族特色是一种文化生命力之所在，也是其他文化无法替代和模仿的。同时，任何一种文化都不可能脱离特定的时代背景而存在，它必然被打上时代的烙印，体现时代的价值诉求。优秀文化应当在继承民族传统的同时，紧扣时代脉搏，展现时代风貌，回应时代关切。

优秀文化还应彰显崇高的道德理想，对人性善的一面进行弘扬和升华。一种文化是否伟大，很大程度上取决于其道德引领力。真正优秀的文化，必然体现崇高的道德理想，如“大同”社会理想、“天下为公”的政治伦理追求等。这些理想虽然可能难以在现实中完全实现，但它们为人类指明了努力方向，是人类不断进步的精神动力。

二、中华优秀传统文化的核心理念

（一）仁、义、礼、智、信

仁、义、礼、智、信是中华优秀传统文化的核心理念，蕴含着深厚的哲学智慧和人文精神，为中华民族的发展提供了不竭动力。

“仁”是儒家思想的核心，体现了对他人的关爱和同情。孔子认为，“仁者爱人”，即仁爱之人要推己及人，将心比心。“仁”不仅是个人修养的最高境界，也是处理人际关系、构建和谐社会的根本原则。在现实生活中，践行“仁”的理念，就是要以宽容、友善的态度对待他人，体谅和帮助他人，构建互帮互助的人际关系。

“义”与“仁”相辅相成，强调公正、正直的品格操守。“义”要求个人遵循社会公德和道德规范，明辨是非曲直，坚持原则，不做违背道义的事情。在个人层面，“义”体现为诚实守信、光明磊落的人格特质；在社会层面，“义”则表现为公平正义的价值理想。培养“义”的品格，需要个人时刻自省、严格自律，在关键时刻能够挺身而出、匡扶正义。

“礼”是维系社会秩序、规范人际交往的行为准则。“礼”不仅包含了基本的生活礼节，如待人接物的礼貌谦让，更蕴含着一套完整的社会伦理规范。在等级森严的封建社会，“礼”被视为维护社会等级、巩固统治秩序的重要工具。而在现代社会，“礼”更强调平等、互敬的人际关系，倡导以理性、和谐的方式处理人际矛盾。

“智”强调知识学习和智慧提升对个人发展的重要性。中华文化历来崇尚读书学习，将“智”视为立身处世、报效国家的根本。“智”不仅包括广博的知识，更强调学以致用、活学活用的能力。在现实生活中，发挥“智”的作用，就是要勤奋学习、善于思考，提高分析和解决问题的能力，以智慧应对生活中的种种挑战。

“信”是中华民族的立身之本，强调诚实守信的道德操守。“人无信不立”，失去诚信就意味着失去立足之本。“信”要求个人言行一致、诚实守信，以诚待人、以信立身。在人际交往中，坚持“信”的理念，就是要恪守承诺、忠诚老实，以真诚、守信的品格赢得他人尊重。而在社会层面，诚信更是维系社会秩序、促进社会发展的基石。

仁、义、礼、智、信作为中华优秀传统文化的核心理念，并非彼此孤立，而是相辅相成、密切关联。“仁”是根本，倡导仁爱之心；“义”是外化，强调公正品格；“礼”是规范，维系人际秩序；“智”是内在，重视学识修养；而“信”则是立身之本，彰显诚信操守。五者缺一不可，共同构成了中华传统美德的丰富内涵。

在当今时代，弘扬和践行仁、义、礼、智、信，对于促进社会和谐、引领道德建设具有重要意义。我们要从中汲取智慧和营养，将其与时代要求相结合，转化为具体的行动。在个人层面，要加强道德修养，以仁、义、礼、智、信的标准要求自己，做一个诚实、宽容、有爱心的人。在人际交往中，要以“仁”爱之心对待他人，以“义”做事，讲“礼”守“信”，用“智”处理问题，构建和谐融洽的人际关系。

（二）和谐共生

和谐共生是中华优秀传统文化的核心理念之一，反映了中华民族对人与自然、个人与社会、不同文明之间关系的深刻洞见。在中国传统哲学中，天人合一的思想占据着重要地位。这一思想强调人与自然的和谐统一，主张人应当顺应自然规律，与大自然和谐共处。《黄帝内经》中有言：“人与天地相参也，与日月相应也。”意即人与自然界密不可分，人的生命活动应当与自然界的运行规律保持一致。这种天人合一的智慧启示我们，人类应当尊重自然、爱护自然，在开发利用自然资源的同时，也要注重保护生态环境，维护生物多样性，实现人与自然的和谐共生。

在中国传统社会中，和谐共生的理念也体现在人与人、个人与群体的关系之中。儒家思想高度重视人伦关系的和谐，强调个人应当遵循仁、义、礼、智、信等道德准则，履行相应的社会责任，维护家庭和社会的和谐稳定。孔子曰：“君子和而不同，小人同而不和。”意思是君子能够在保持个性和原则的前提下与他人和谐相处，而小人则只会盲目附和他人。这一思想启示我们，在人际交往中要学会包容差异，尊重他人，通过平等交流、求同存异，建立和谐的人际关系。同时，个人也要主动承担社会责任，为集体利益而努力，回馈社会，推动社会的进步与发展。

在不同文明交流日益频繁的今天，和谐共生理念对于促进不同国家、民族、文化之间的交流互鉴具有重要意义。中华文明历来主张“和而不同”，反对“齐同”。《礼记》中说：“天下同而殊，和实生物，同则不继。”意思是世界是多样的，万物生长靠的是和谐，如果都趋同，就难以生生不息。这表明中华文明推崇多元共存，主张在差异中求和谐，在交流中促进不同文明的共同发展。当前，人类社会面临恐怖主义、气候变化、贫困等诸多全球性问题，这就更加需要不同国家和民族秉持和而不同、互鉴共荣的理念，摒弃偏见和歧视，在平等互利的基础上开展对话合作，共同应对人类面临的共同挑战。

（三）家国情怀

中国传统文化中的家国情怀是一种深植于中华民族心中的情感。它既体现了个人对家庭的责任感和归属感，也寄托了国家兴亡与个人命运休戚与共的博大胸怀。在中国人的观念中，家是最小国，国是千万家。个人、家庭、国家是一个紧密联系、不可分割的命运共同体。一方面，家庭是个人立身处世、实现人生价值的基础。个人对家人负有不可推卸的责任和义务，要孝敬父母、教育子女、善待配偶。通过在家庭中培育良好的品德和正确的价值观，个人才能成长为对社会有用的栋梁之材。另一方面，国家的命运与个人、家庭的命运紧密相连。国家强盛，人民才能安居乐业；国家富强，家庭才能幸福美满。因此，个人有责任为国家的繁荣富强贡献自己的力量。

正是基于这种家国一体的观念，中华民族形成了许多宝贵的文化传统和美德。忠君爱国、舍生取义是千百年来中国知识分子的高尚情操。从“勿以善小而不为，勿以恶小而为之”的信念到“修身、齐家、治国、平天下”的理想追求，从“鞠躬尽瘁，死而后已”的爱国情怀到“人生自古谁无死，留取丹心照汗青”的浩然正气，无不展现了中国人无私奉献的家国情怀。这种情怀激励着一代代中华儿女为民族独立、国家富强而努力奋斗。

在家国情怀的引领下，许多中国人形成了忠厚宽容、乐于助人的高尚品格。孟子提出“老吾老以及人之老，幼吾幼以及人之幼”的思想，倡导仁爱精神，推己及人。这体现了中国人视天下为一家，讲求大爱无疆的情怀。在家庭中，晚辈孝敬长辈、长辈关爱晚辈，营造出其乐融融的家庭氛围。在社会上，守望相助、扶危济困是人们共同的行为准则。在国家危难之际，不计个人得失、挺身而出更是中华民族的传统美德。这些品格都源自中国人博大的家国情怀。

家国情怀还催生了中华民族勤劳勇敢、自强不息的民族精神。为了家庭的幸福安康，无数中国人不惧艰辛，脚踏实地地劳作。从愚公移山的执着到精卫填海的坚韧；从女娲补天的无畏到大禹治水的担当，都彰显了中华儿女为了家国的美好明天而不懈奋斗的品质。而这些品质恰恰铸就了中华文明生生不息、薪火相传的强大生命力。

三、中华优秀传统文化的社会影响

（一）家庭教育

中华优秀传统文化对于家庭教育具有深远而重要的影响。在中国历史的长河中，家庭一直被视为教育的起点和基础。父母是孩子的第一任老师，家庭是孩子接受教育的第一所学校。正所谓“教子不严，父母之过”，家庭教育在很大程度上决定了一个人的品行、修养和价值观念。

中华优秀传统文化蕴含着丰富的家庭教育智慧。“慈母手中线，游子身上衣”，母亲对子女的关爱体现在点点滴滴中；“严父慈母”的教育理念，强调父亲的严格管教和母亲的慈爱呵护相结合；“孟母三迁”的故事，彰显了母亲为了孩子健康成长不惜改变居住环境的决心。这些传统家教观念无不蕴含着深厚的育人情怀和教诲智慧。

在传统家庭教育中，“孝道”是核心价值之一。“百善孝为先”，孝敬父母被视为一切美德的基础。通过家庭教育，子女从小就懂得尊老爱幼、恭敬父母的道理，养成了孝顺的品行。这种孝道文化不仅有助于构建和谐的家庭关系，更利于塑造个人高尚的道德品质。

中华优秀传统文化还重视家风的塑造。“积善之家，必有余庆”，良好的家风有利于子女的健康成长。通过言传身教，父母将优良的品德、生活习惯、处世态度等潜移默化地传递给子女，使其耳濡目染。良好家风的熏陶，能够让子女终身受益。

传统家庭教育注重因材施教、循序渐进。每个孩子都有其独特的个性特点和兴趣爱好，父母应当因势利导、因材施教，既不能急于求成，也不能放任自流。通过耐心引导、适度管教，帮助孩子找到适合自己的成长道路。

在现代社会，传统家庭教育理念依然具有重要价值。面对价值多元、诱惑繁多的时代，家庭更应该成为涵养美德、净化心灵的港湾。父母应继承和发扬中华优秀传统文化，以身作则、言传身教，引导子女树立正确的人生观和价值观，成长为有益于社会的栋梁之材。

（二）社会道德

中华优秀传统文化对于塑造国民的道德品格、培育良好的社会风尚具有重要意义。众所周知，中华优秀传统文化蕴含着丰富的道德理念和伦理规范，如仁、义、礼、智、信等，这些价值观念深深根植于中华民族的精神血脉之中，影响和规范着人们的行为举止。在家庭生活中，父慈子孝、兄友弟恭的伦理道德促进了和谐的家庭关系，孕育了优良的家风家教。在社会交往中，“己所不欲，勿施于人”的处世哲学，倡导了宽容、谦逊、诚信的交往之道，营造了祥和友善的社会氛围。这些传统美德不仅增进了人与人之间的感情，也为社会的长治久安奠定了基础。

然而，在社会转型和价值多元化的当代社会，一些传统的道德观念和行为规范正面临着严峻的挑战。商品经济的发展，在创造物质财富的同时，也带来了拜金主义、享乐主义的消极影响。一些人在金钱利益的驱使下，漠视道德底线，违背基本的伦理准则。学校教育和社会舆论对传统文化的忽视，也导致了一些青少年道德意识的淡漠，价值观念的失衡。诚信缺失、见利忘义等不良现象的滋生，已经成为影响社会和谐稳定的重要因素。

面对这些问题和挑战，我们必须充分发掘中华优秀传统文化的当代价值，把对传统美德的弘扬与社会主义核心价值观的培育紧密结合起来。一方面，要通过道德教育和文化熏陶，帮助人们树立正确的价值取向，提升个人的道德修养。学校应将优秀传统文化纳入教育教学的重要内容，引导学生感悟先贤的智慧，领会传统美德的内涵。另一方面，还要注重在社会实践中弘扬传统美德，倡导全社会形成讲道德、守规矩的良好风尚。领导干部和公众人物要发挥表率作用，以身作则，见贤思齐，用实际行动影响和带动更多的人。各类媒体也要充分利用自身优势，大力宣传社会主义道德规范，曝光和批评各种不道德行为，形成崇德向善、惩恶扬善的强大舆论导向。

在新的历史条件下，我们要立足时代特点，创新传播方式，赋予传统美德以新的时代内涵。只有传承和弘扬中华民族的传统美德，才能为构建社会主义和谐社会提供强大的道德支撑和精神动力。这不仅是每个公民的责任，更是全社会的共同使命。

（三）文化认同

文化认同是中华优秀传统文化在社会影响层面的重要体现，它既是个体对本民族文化的接纳和认可，也是群体对共同价值观念、行为规范的认同和遵循。在家庭教育和社会道德的熏陶下，个人对中华优秀传统文化的认同感逐步形成和巩固，进而促进了社会成员在价值取向、思维方式、行为习惯等方面的趋同，增强了民族的凝聚力和向心力。

从个体层面来看，中华优秀传统文化的认同过程始于家庭教育。父母以身作则，时时展现“仁、义、礼、智、信”的品格操守，在日常生活中力行孝悌、谦恭、诚实等传统美德，让子女感受到中华文化的博大精深。同时，父母是孩子最初接触和学习传统文化的引路人，通过耳濡目染的方式，孩子潜移默化地接受了传统美德的熏陶。通过讲述历史故事、学习古典诗词等方式，父母引导孩子了解和热爱中华文化，激发其民族自豪感和文化认同感。

随着年龄的增长和社交圈的拓展，学校教育和社会影响逐渐成为个人文化认同的重要塑造者。学校通过语文、历史等人文学科的教学，系统地向学生传授中华优秀传统文化的知识内涵，引导其理解和认同传统文化的核心价值。同时，学校还通过丰富多彩的传统文化活动，如经典诵读、国学竞赛、传统节日庆祝等，为学生提供亲身体验和实践传统文化的机会，增强了他们对民族文化的情感认同。

步入社会后，个人对中华优秀传统文化的认同进一步强化。生活在以传统文化为底蕴的社会环境中，人们时时感受到传统美德的价值，如友善互助的社会风尚、勤劳智慧的职业精神等，这些都影响着个人的价值观念和行为选择。通过参与传统节日庆典、欣赏传统艺术作品等社会文化活动，个人对传统文化的理解和热爱不断加深，进而坚定了对本民族文化的认同。

从社会层面来看，中华优秀传统文化的认同感维系着社会的价值共识和道德规范。当社会成员普遍认同和遵循仁、义、礼、智、信等传统美德时，一种积极向上、和谐有序的社会氛围就形成了。人们以诚相待、以礼相待，社会交往因此变得更加融洽、更富人情味。同时，面对外来文化的冲击，中华优秀传统文化的认同感凝聚起民族的文化自信，成为维护文化主体性的精神支柱。

当代青年是社会主义建设者和接班人。只有培育新时代中国青年树立深厚的中华优秀传统文化认同，才能在纷繁复杂的国际环境下，坚定文化自信，传承创新优秀传统文化，在民族复兴伟业中谱写出光辉篇章。这需要发挥家庭、学校、社会等多方合力，在青少年成长的各个阶段，系统而持久地开展优秀传统文化教育，引导年青一代热爱并主动践行中华优秀传统文化。

第二节　中华优秀传统文化的形式与内容

一、文学艺术

（一）诗歌

诗歌是中华优秀传统文化的璀璨瑰宝，它以精练的语言、丰富的意象、深厚的情感，展现了中华民族独特的审美情趣和精神追求。在漫长的历史长河中，诗歌始终扮演着重要的角色，其既是文人墨客抒发情怀的重要载体，也是普通百姓寄托理想的精神家园。

从先秦时期的《诗经》到唐诗、宋词，再到明清时期的散曲，中国诗歌经历了由古体诗到近体诗、由格律诗到新诗的发展历程。在这一过程中，诗歌的语言日益精练，形式日益多样，内容也更加丰富，逐步形成了独具特色的诗歌艺术。

以唐诗为例，它以格律诗为主要形式，讲究平仄格律，追求音韵和谐。无论是李白的潇洒飘逸、杜甫的沉郁顿挫、王维的隽永清丽，还是白居易的通俗晓畅，唐诗都以精湛的艺术表现力和广泛的社会影响力，成为中国古典诗歌的高峰。“床前明月光，疑是地上霜。举头望明月，低头思故乡。”李白的这首《静夜思》，短短四句，却饱含了诗人对故乡和亲人的深切思念之情，展现了唐诗语言精练、意境深远的独特魅力。

宋词则在唐诗的基础上，进一步拓展了诗歌的表现力。它打破了格律诗的格律束缚，采用词牌名，讲究平仄协调，追求婉转含蓄的艺术表现。苏轼、李清照等词人的作品，或洋洋洒洒，或缠绵悱恻，或慷慨激昂，极大地丰富了宋词的意境和内涵。“人有悲欢离合，月有阴晴圆缺，此事古难全。但愿人长久，千里共婵娟。”苏轼的这阕《水调歌头》，以月之缺圆喻人生悲欢，抒发了诗人超脱旷达的人生态度，体现了宋词意境深邃、韵味隽永的艺术特色。

除了唐诗宋词，中国古典诗歌还涌现出元曲、明清散曲等多种样式，它们或质朴浑厚，或曲折委婉，都以独特的艺术魅力，展现了中华民族博大精深的文化底蕴。“月落乌啼霜满天，江枫渔火对愁眠。姑苏城外寒山寺，夜半钟声到客船。”张继的这首《枫桥夜泊》，短短四句，却营造出一种苍凉孤寂、沧桑悠远的意境，令人回味无穷。

（二）小说

中国古代小说是中华民族文学宝库中璀璨夺目的瑰宝。它以丰富多彩的内容、深刻细腻的刻画、曲折离奇的情节，展现了中华民族的生活百态和精神世界，成为中华优秀传统文化的重要载体。

中国古代小说的内容异常广泛，几乎涵盖了社会生活的方方面面。在这些小说中，我们可以看到帝王将相的权谋斗争，也可以看到市井小民的悲欢离合；可以看到家国情怀的悲壮凝重，也可以看到儿女情长的缠绵悱恻。从《史记》中的游侠故事，到唐传奇的离奇想象；从宋元话本的市井风情，到明清章回小说的叙事艺术，中国古代小说以其独特的艺术魅力，吸引着一代又一代的读者。

其中，明清章回小说可谓中国古代小说的巅峰之作。《三国演义》通过描绘群雄逐鹿、英雄辈出的乱世景象，展现了人性的复杂多面和历史的厚重感。《西游记》则以神魔斗法等故事，探讨了善恶有报、欲望与道德的哲学命题。《水浒传》刻画了一百单八将的性格特点和梁山好汉的反抗精神，体现了民间社会的正义理想。《红楼梦》更是以贾宝玉、林黛玉的爱情悲剧，揭示了封建社会的黑暗和人性的微妙。这些经典名著以其恢宏的格局、细腻的刻画、精妙的结构，达到了中国古代小说创作的高峰。

中国古代小说不仅是一种文学样式，更是一种文化符号。它们深深影响着后世文学的发展，许多经典形象和情节都被一次次地演绎和借鉴。同时，它们也成为了解中国传统社会的重要窗口，为我们认识古代中国的政治、经济、文化提供了宝贵的材料。透过这些小说的字里行间，我们可以感受到中华民族的智慧结晶和文化精髓。

作为中华优秀传统文化的重要组成部分，中国古代小说承载着中华民族的审美情趣和价值追求。它们或歌颂理想人格，或讽刺时弊民生；或重视情节曲折，或注重文笔华美。这些独特的艺术特色，彰显了中华民族的文化个性和审美理想。同时，许多小说也蕴含着深刻的人生哲理和道德启迪，如“情义重于泰山”“读书好，好读书，读好书”等，至今仍在影响着国人的价值观念。

中国古代小说之所以能够历久弥新、享誉世界，正是因为它植根于中华大地，反映了中国人的生活经验和情感心理。从这个意义上说，中国古代小说不仅属于古人，也属于今人；不仅属于中国，也属于世界。今天，我们在传承和弘扬中华优秀传统文化的过程中，更应该重视对中国古代小说的挖掘和阐发。只有读懂了古人笔下的“假作真时真亦假，无为有处有还无”，我们才能更好地理解中华文明的深邃内涵，也才能为建设社会主义文化强国提供更加丰厚的精神滋养。

（三）戏剧

中国古代戏剧是中华民族璀璨文化的重要组成部分，它以丰富多彩的艺术形式，展现了古代社会生活的方方面面，传递了中华民族的价值观念和审美情趣。戏剧不仅是娱乐大众的艺术形式，更是传播思想、教化民众的重要载体。

中国古代戏剧源远流长，最早可追溯到原始社会的歌舞和巫术活动。随着社会生产力的发展和文化的进步，戏剧逐渐从原始的歌舞中分离出来，发展成为独立的艺术门类。汉代的参军戏和唐代的俳优已经具备了戏剧表演的雏形。而宋元时期，戏剧艺术达到了高峰。杂剧和南戏的兴起，标志着成熟戏剧艺术的诞生。明清时期，传奇和地方戏的蓬勃发展，则使戏剧艺术更加丰富多彩。

中国古代戏剧以其独特的表现方式，深刻地反映了古代社会的政治、经济、文化等各个方面。热情奔放的杂剧，歌颂了普通民众追求自由幸福的生活；委婉细腻的传奇，则展现了封建社会达官贵人的生活百态。戏剧不仅描绘了现实生活，也表达了人们的理想和追求。它塑造了一个个栩栩如生、个性鲜明的艺术形象，如杂剧中的窦娥、鲁智深等，至今仍然在人们心中久久回荡。

戏剧的魅力不仅在于它的思想内容，更在于它独特的艺术表现形式。中国古代戏剧融合了文学、音乐、舞蹈、美术等多种艺术形式，形成了独具特色的综合舞台艺术。鲜明的人物塑造、曲折动人的故事情节、优美动听的唱腔音乐、灵动写意的舞台调度，无不彰显了中华民族的智慧和创造力。戏曲表演更是到达了炉火纯青的境界，形成了生、旦、净、丑等行当，演员以细腻传神的表演技巧，将人物的性格和命运展现得淋漓尽致。

中国古代戏剧不仅在艺术上达到了极高的成就，而且对中国社会产生了深远影响。它以百姓通俗易懂、喜闻乐见的艺术形式，宣扬了忠孝仁义等传统美德，批判了社会的黑暗和不公，为中华民族的精神文明建设作出了重要贡献。同时，戏剧艺术也成为联结民众情感的纽带，古代民众围绕戏曲形成了丰富多彩的戏曲文化，如票友社、曲社等，大大丰富了人们的精神文化生活。

（四）绘画

中国绘画是中华优秀传统文化的重要组成部分，它以独特的艺术魅力和深厚的文化内涵，在世界艺术殿堂中占据着重要地位。中国绘画经历了漫长的发展历程，形成了山水、人物、花鸟等多样化的画科，创造出诸如工笔、写意、水墨等丰富多彩的表现形式，凝结了中华民族的智慧结晶和审美追求。

中国绘画以其含蓄隽永的艺术表现力，吸引着世人的目光。与西方绘画注重客观再现不同，中国绘画更加强调主观情感的抒发和意境的营造。画家们通过挺拔秀丽或雄浑厚重的线条，淡雅素净，或浓烈奔放的色彩，将内心的情感意念巧妙地融入画面。一幅幅意韵悠长的画卷，似乎在向观者倾诉着艺术家的心灵独白，引领人们走进一个充满诗意和哲思的精神世界。正如宋代诗人苏轼所言："论画以形似，见与儿童邻。赋诗必此诗，定非知诗人。"中国绘画不拘泥于表面形似，而是力求神似，追求"传神写照"的艺术境界。

中国绘画蕴含着丰富深刻的文化内涵，是中华民族传统思想观念和美学理念的艺术载体。无论是儒家的"天人合一"、道家的"道法自然"，还是佛家的"空灵禅意"，都在中国绘画中得到了生动而形象的诠释。山水画以博大精深的笔墨语言，表达了中国人"与天地精神相往来"的理想追求；人物画以传神写照的艺术手法，刻画了圣贤先哲的高风亮节和历史人物的性格风貌；花鸟画则以澄怀观道的审美情趣，体现了中国人崇尚自然、热爱生命的价值取向。中国绘画以其厚重的文化底蕴，成为中华民族智慧的重要体现。

中国绘画还对世界艺术的发展产生了深远影响。早在13世纪，元代画家赵孟頫的《马衔花图卷》就传入欧洲，引起了西方艺术家的极大兴趣。到了20世纪，中国绘画更是在西方掀起了一股"中国热"。众多现代艺术大师如梵高、马蒂斯、克利等，无不从中国绘画中汲取灵感，他们或借鉴中国画的笔墨语言，或吸收中国画的空间处理方式，创作出许多不朽的艺术杰作。中国绘画以其独特的艺术魅力，为世界艺术宝库增添了绚丽的色彩。

二、传统技艺

（一）手工艺

中华民族是一个具有悠久历史和灿烂文化的伟大民族，在千百年的发展历程中，我们的祖先创造了无数的文化瑰宝。而在这些宝贵的文化遗产中，手工艺无疑是一颗璀璨的明珠。中国传统手工艺源远流长，技艺精湛，集实用性和艺术性于一体，彰显了中华文明的创造力和审美追求。

从制陶、织绣到雕刻、景泰蓝，从青铜器铸造到紫砂壶烧制，中国传统手工艺门类众多，工艺精细。每一件手工艺品都凝结着工匠们的智慧和心血，体现出深厚的文化内涵。以景德镇青花瓷为例，它以其纯净秀丽的釉色、精美绝伦的纹饰，向世人展示了中国陶瓷艺术登峰造极的成就。而苏绣、湘绣等刺绣工艺，更以其细腻精巧的针法、华美多姿的图案，赢得了“一针值千金”的美誉。这些非物质文化遗产不仅是中华民族智慧的结晶，更承载着深厚的历史文化底蕴。

中国传统手工艺不仅具有很高的实用价值，更蕴含着丰富的美学内涵。从造型设计到色彩搭配，从纹样图案到材质肌理，无不体现出古人对美的追求和想象力。如木雕作品中的回纹、云纹、龙凤纹等，寓意吉祥如意，表达了人们对美好生活的向往；而玉石雕刻常以松竹梅兰等题材入文，象征高洁、坚韧的品格。这种将审美创造与伦理思考相结合的艺术表现手法，既彰显了手工艺品的装饰性功能，又赋予其深刻的文化内涵，成为中华传统美学的重要载体。

传统手工艺不仅是文化的积淀，更是情感的寄托。在漫长的历史进程中，手工艺品不仅满足了人们的物质生活需求，也承载了他们的精神寄托和情感表达。如父母为远嫁的女儿亲手缝制的百家衣，饱含着对女儿的祝福与牵挂；而情侣间互赠的绣花鞋垫，则寄托着对爱情的忠贞与祈愿。这些作品虽然朴素无华，却蕴含着最真挚、最动人的情感。正是源于情感表达的需要，才使得传统手工艺品常常超越实用功能，成为心灵沟通的媒介，并在代代相传中积淀为民族的集体记忆。

（二）烹饪技艺

烹饪技艺在中华优秀传统文化中占据着重要地位，它不仅是一种生活技能，更是一门融合了艺术、科学、哲学的高深学问。中国烹饪讲究“色、香、味、形”俱全，注重食材的搭配和火候的掌控，强调刀工、勺工、锅工的精湛技艺。每一道菜品都凝结了厨师的智慧和心血，体现了中华民族精益求精的匠心精神。

中华烹饪技艺源远流长，各地风味各具特色。山东菜讲究明清而不奢，以孔府菜最为有名；四川菜注重麻辣鲜香，技法多变；广东菜选料广泛，善用补益之品；淮扬菜则细致入微，以文火慢炖见长。这些地方风味菜系既有各自的特点，又融会贯通，共同构成了中华美食文化的百花园。无论是宫廷菜的精致考究，还是民间小吃的平实亲切，都蕴藏着深厚的文化底蕴和智慧结晶。

中国的烹饪技艺不仅追求味道的美妙，更讲究养生保健。“药食同源”的理念自古有之，许多食材本身就是上好的药材，合理搭配能够滋补身体、调理脏腑。例如，冬令进补常食用的“四神汤”，材料包括党参、茯苓、芡实、莲子，有健脾益气、补肾固精之功效。再如，夏日常饮的“酸梅汤”，以乌梅、山楂、甘草等入料，具有生津止渴、消暑解热的作用。中医药学认为，饮食养生要遵循“四季调神”的原则，根据时令进行食疗，方能达到增强体质、预防疾病的目的。

烹饪技艺的核心在于火候和口味的掌控。火候指的是加热的时间和温度，不同食材、不同菜系对火候的要求大相径庭。例如，广东菜多爆炒，讲究“热锅快炒”，而淮扬菜则偏爱文火慢炖，注重“武火发汗、文火收汁”。老饕常说“味道好坏，火候高下”，可见火候在中国烹饪中的重要性。至于口味，中国菜讲究“酸甜苦辣咸”五味调和，味道的变化和组合万般丰富。《红楼梦》中就有“口齿留香”的菜肴描写，贾宝玉吃了王熙凤烹制的酸笋鸡丁，感叹“这样的菜只可遇不可求”。精妙的火候和恰到好处的口味，成就了中华美食的非凡魅力。

烹饪技艺与器具的发明创造密不可分。中国厨师能够制作出如此丰富多彩的美食，与先进的炊具是分不开的。早在新石器时代，中国先民就创造了陶器蒸锅，为食物的多样化烹饪提供了可能。到了春秋战国，铜制的鼎、甑等炊具日益成熟，为烹饪技术的进步奠定了物质基础。宋代出现的镬，堪称中国烹饪史上的一大发明，极大地丰富了烹调手段。明清时期，砂锅、蒸笼、油炸锅等厨具不断推陈出新，推动了菜系和风味的繁荣发展。先进的厨具，成就了中华美食的千变万化。

（三）建筑技艺

中国传统建筑技艺博大精深，融合了科学、艺术和人文精神，体现了中华民族的智慧结晶。在漫长的历史长河中，一代代能工巧匠不断创新、精益求精，形成了独具特色的建筑风格和精湛的建造技术。这些技艺不仅满足了人们的物质需求，更承载着深厚的文化内涵和审美追求。

中国传统建筑以木构架为主，讲究对木材的选材、加工和榫卯结构，体现了因材施艺、物尽其用的生态理念。木构架建筑轻盈灵动，具有很强的适应性和抗震性能，能够适应不同的地理环境和气候条件。同时，木构架的模数化设计和预制装配，体现了标准化的思想，大大提高了建造效率。而精巧的榫卯结构，犹如精密的机械零件，展现了古代工匠非凡的智慧和技艺。

在建筑造型方面，中国传统建筑讲究对称与平衡，注重与自然环境的和谐统一。飞檐翘角、斗拱藻井等装饰元素，不仅具有了实用的功能，更体现了丰富的文化象征意义。例如，宫殿建筑的用色讲究尊卑有序，皇宫的琉璃瓦和鎏金装饰，彰显着至高无上的帝王权威；而庙宇建筑的斗拱和垂花门，则寓意着佛法无边、吉祥如意。这些精美的细节，无不凝结着劳动人民的智慧和对美好生活的向往。

中国传统建筑还十分重视营造技术的传承和创新。古代工匠通过师徒传授、家族世袭等方式，将宝贵的经验和技艺代代相传。《营造法式》《木经》等著作，系统地总结了营造实践的规范和法则，成为后世工匠必修的经典。在传承的基础上，历代能工巧匠还不断吸收新的材料、技术和美学理念，推动了建筑技艺的创新发展。

三、语言文字

（一）汉字演变

汉字的演变是一段丰富多彩的历史，它见证了中华文化的传承与发展。从最早的甲骨文开始，汉字经历了多次的变革与创新，逐渐形成了今天我们所熟悉的书写体系。

甲骨文是中国已知的最早的系统文字，主要流行于商周时期，尤其是商代晚期。这些文字被刻在龟甲或兽骨上，主要用于占卜和记事。它们已经具备了汉字构形的各种类型，包括象形、指事、会意、形声等，为后世的文字发展奠定了基础。

随着时间的推移，汉字逐渐从甲骨文演变为金文，这是因为在商周时期，青铜器开始被广泛使用，人们开始将文字铸刻在青铜的钟鼎和石鼓上。金文的内容涉及当时的祀典、赐命、诏书、征战、围猎、盟约等活动或事件，为我们了解古代社会提供了宝贵的实物资料。

随后，汉字又经历了篆书的阶段。篆书分为大篆和小篆，其中小篆是由秦朝的丞相李斯等人整理出的标准字体，它形体匀圆齐整、笔画简略。小篆的统一是中国历史上第一次运用行政手段大规模地规范文字的产物，对后世产生了深远的影响。

在隶书阶段，汉字发生了显著的变化。隶书始创于秦朝，传说由程邈所创。它将小篆婉曲的线条变为平直的笔画，从无角变成有角，奠定了现代汉字字形结构的基础。汉隶在东汉时期达到顶峰，对后世书法产生了不可小觑的影响。

此后，汉字又逐渐演变为草书、楷书和行书。草书形成于汉代，是为了书写简便在隶书基础上演变出来的；楷书始于汉末，通行至现代，长盛不衰；行书则介于楷书和草书之间，是日常生活中常用的一种字体。这三种字体的出现，进一步丰富了汉字的表现形式，也使得汉字更加适应不同场合和需求。

（二）书法艺术

书法艺术是中华优秀传统文化的重要组成部分，它以独特的艺术魅力和深厚的人文底蕴，成为凝结中华民族审美观念和价值追求的文化瑰宝。作为一门传统艺术，书法不仅呈现出精湛的技艺和丰富的表现力，更承载着中华文明的精神内核，体现了中国人特有的美学情趣和人文关怀。

书法艺术的魅力首先体现在其多样的艺术表现形式上。从篆、隶、楷、行、草五大书体，到柳体、瘦金体等衍生字体，书法艺术呈现出丰富多彩的面貌。不同的书体各具特色，或端庄雄浑，或秀丽婉约，或飘逸洒脱，展现出书法家独特的艺术个性和审美追求。这种多样性不仅为书法艺术提供了广阔的创作空间，也为欣赏者提供了丰富的审美体验。

书法艺术还蕴含着深厚的文化内涵。每一幅书法作品都凝结着书法家的精神世界和人生哲思，体现了中国传统文人追求“德艺双馨”的理想人格。在创作过程中，书法家们不仅追求技法的精进，更注重内在修养的提升，努力实现书法与人生的和谐统一。这种将艺术创作与人格塑造相结合的理念，赋予了书法艺术独特的人文价值，使其成为中国传统文化的精髓所在。

书法艺术还通过丰富的题材选择和巧妙的章法布局，展现出不同时代的审美情趣和价值取向。无论是气势恢宏的《兰亭序》，还是遒劲有力的《泰山刻石》，抑或是秀丽飘逸的《洛神赋》，都生动地反映了不同历史时期的思想观念和审美风尚。通过欣赏和品味这些传世佳作，我们不仅能领略书法艺术的非凡魅力，更能感悟到中华文化的博大精深。

书法艺术还是中国传统教育的重要组成部分。自古以来，儒家就十分重视书法教育，认为“书画本一律”，将书法视为修身养性、陶冶情操的重要途径。在传统的私塾、书院教育中，练习书法是学生必修的功课，通过临摹帖学，不仅能够提高写字技巧，更能培养专注力、耐心和自律等良好品质。这种将知识传授与品德培养相结合的教育理念，对于塑造学生的健全人格具有重要意义。

在当代社会，书法艺术仍然具有重要的教育价值和现实意义。一方面，书法学习有助于提升学生的审美能力和人文素养，培养其专注、耐心、细致的品格，对于其全面发展具有积极作用；另一方面，在信息技术高度发达的今天，书法艺术所倡导的慢生活理念和人文关怀，为人们提供了一种反思和回归传统的路径，有助于缓解现代社会的焦虑和浮躁，实现身心的平衡发展。

（三）经典文献

经典文献是中华优秀传统文化的重要载体，蕴含着先贤的智慧结晶和民族的精神财富。这些文献不仅见证了中华文明的发展历程，更凝聚了中华民族的价值追求和审美情趣。从内容上看，经典文献涵盖了哲学、史学、文学等多个领域，展现了中国古代社会的方方面面。儒家经典如《论语》《孟子》，阐发了仁、义、礼、智、信等传统美德，塑造了君子人格的理想典范。道家经典如《道德经》《庄子》，则以“道法自然”“清静无为”的哲学智慧，引导人们返璞归真、顺应自然。法家经典如《韩非子》，则从法、术、势三个方面论述了治国理政之道。诸子百家，各抒己见，为后世留下了丰富的思想宝藏。

史书典籍如《史记》《汉书》，翔实记录了朝代的兴衰更迭，既是珍贵的史料，也是优秀的文学作品。司马迁“究天人之际，通古今之变”，开创纪传体断代史书的先河。班固“讲信修睦，析疑补阙”，实现了由家族史官到朝廷修史的转变。经史合一，文史相融，造就了一大批承前启后的历史经典。诗歌散文如《诗经》《楚辞》，抒发了丰富的情感，展现了别样的意境。《诗经》既有“关关雎鸠，在河之洲”的“国风”，也有“既醉以酒，又饱以德”的“颂”，情感真挚，言辞隽永，堪称诗歌艺术的殿堂。《离骚》《九歌》，则以犀利的笔锋，表达了屈原的忧国忧民之情和政治抱负。词赋骈文如《文选》，精选魏晋以来的辞赋、诔碑、骈文等文体，荟萃群贤，开创文论。小说戏曲如《聊斋志异》《西厢记》，或写志怪传奇，或绘才子佳人，为中国古代小说和戏曲的发展谱写了浓墨重彩的篇章。

经典文献的价值不仅在于其思想内容，更在于其文学艺术。这些典籍以精妙的文辞、生动的比兴，表现出强烈的艺术感染力。《庄子》中的寓言，如“庖丁解牛”“惠子相梁”，通过形象的比喻阐明深奥的哲理，令人难忘。《史记》中的人物刻画，如“鸿门宴”“四面楚歌”，通过细节描写展现人性的复杂，发人深省。《聊斋志异》中的故事，如“倩女离魂”“阿宝”等，用想象和夸张的手法反映现实，启迪人生。这些经典的语言魅力和艺术技巧，不仅成为后世文学创作的范本，更为人们提供了审美享受和精神滋养。

经典文献对中华文化的传承和发展发挥了不可估量的作用。一方面，这些典籍记录了中华民族的文化基因，是民族精神的重要载体。忠孝节义的歌颂，体现了中国人崇高的道德操守。经世致用的追求，体现了中国人务实的治学态度。经典文献将这些宝贵的文化因子一代代传承下去，为中华文明提供了丰厚的精神滋养。另一方面，经典文献还为后世学人提供了广阔的研究空间。经学、史学、文学等学科，无不以经典文献为基础，在研读和阐释的过程中不断拓宽学术疆域。经典文献的流传和整理，诠释与创新，推动了中国学术的发展，也为人类文明的进步贡献了中国智慧。

第三节　中华优秀传统文化教育的意义

一、促进学生全面发展

（一）提升综合素质

中华优秀传统文化教育对于提升学生的综合素质具有重要意义。中华文化博大精深，蕴含着丰富的哲学思想、人文精神和道德理念。将这些思想精华融入教育教学，能够引导学生树立正确的世界观、人生观和价值观，塑造高尚的道德品质和文化修养。

从知识层面来看，中华优秀传统文化涵盖了文学、历史、哲学、艺术等诸多领域。通过学习和探究传统文化知识，学生能够开阔视野，丰富知识储备，构建起系统完整的文化素养。同时，优秀传统文化中蕴含的古圣先贤的智慧结晶，也能够启迪学生的心智，提升其分析问题、解决问题的能力。

从能力层面来看，传统文化教育有助于培养学生的语言表达、逻辑思维、审美鉴赏等关键能力。诸如古诗文、经典著作的学习，能够提升学生的语言理解和运用能力，培养其深邃的思维和敏锐的洞察力。而书法、国画等传统艺术的熏陶，则能够陶冶学生的性情，提升其审美鉴赏能力和艺术修养。

从品德层面来看，中华优秀传统文化蕴含着丰富的道德内涵，如仁爱、正义、诚信、谦恭等品德。将这些品德价值融入教育，能够引导学生形成正确的是非观念，树立高尚的道德情操。同时，传统文化中倡导的吃苦耐劳、自强不息的进取精神，也能激励学生不畏艰难、奋发向上，塑造坚韧不拔的意志品质。

传统文化教育还有助于增强学生的文化自信和民族认同感。通过学习和传承中华优秀传统文化，学生能够深刻认识到中华民族的伟大创造力和精神财富，从而树立起强烈的文化自豪感和民族自信心。这种扎根于传统文化沃土的身份认同，将成为学生成长发展的不竭动力。

（二）培养创新能力

中华优秀传统文化教育在促进学生创新能力培养方面具有重要意义。传统文化中蕴含着丰富的创新思维和创新精神，通过对这些文化内涵的学习和领悟，学生能够开阔视野，拓宽思路，激发创新灵感。

传统文化注重“法天象地，勤惟不忘”的创造精神。中华民族在漫长的历史进程中，创造了灿烂辉煌的物质文明和精神文明。从四大发明到天文历法，从诗词歌赋到园林建筑，无不彰显了中华民族的创新才智。这种勇于探索、敢为人先的创新精神，正是中华优秀传统文化的精髓所在。通过学习和传承这些文化遗产，学生能够领悟先贤创新的智慧，树立创新意识，培养创新勇气。

传统文化强调“天行健，君子以自强不息”的进取精神。在中华文化中，儒家思想将“自强不息”作为君子的重要品格，强调个人要通过不断学习和努力来实现自身价值。这种孜孜以求、永不懈怠的进取精神，对于学生创新能力的培养至关重要。唯有保持一往无前的进取之心，学生才能在创新的道路上披荆斩棘、勇往直前。

传统文化倡导“兼容并蓄，海纳百川”的包容胸怀。创新从来不是一蹴而就、一帆风顺的，它需要在广泛吸收、博采众长的基础上，不断积累、反复实践。中华文化历来强调“有容乃大”，提倡广纳百家、兼收并蓄的文化品格。这为创新提供了丰厚的文化土壤。学生在传统文化的熏陶下，能够开阔胸襟，兼收并蓄，为创新积累丰富养料。

传统文化讲究“温故而知新，可以为师矣”的创新方法。创新不是凭空想象，而是立足于前人的基础之上。“温故知新”强调要在总结和反思传统经验的基础上，发现新的问题，探索新的方法，推陈出新。这为创新提供了重要的方法论指导。通过对传统智慧的学习和领悟，学生能够继承创新的基因，掌握创新的方法，走好创新的路径。

中华优秀传统文化教育还能够培养学生的文化自信，增强其文化认同感。文化自信是创新的重要前提。唯有对民族文化怀有由衷的热爱和自豪，学生才能树立创新自信，拥有创新勇气。传统文化教育让学生深切感悟中华文化的博大精深，领略其智慧光芒，从而坚定文化自信，奋力投身创新实践。

（三）增强审美情趣

中华优秀传统文化蕴含着丰富的艺术内涵和审美价值，对学生审美情趣的培养具有重要意义。通过传统文化的学习，学生不仅能够了解祖国悠久灿烂的文化艺术，领略其中蕴含的美学思想和审美理念，更能在潜移默化中受到熏陶，提升自身的审美素养和鉴赏能力。

传统书画艺术是中华文化的重要组成部分，它以独特的艺术语言和表现形式，表达了中国人对自然美、生命美的感悟和追求。通过欣赏和临摹古代书画名作，学生能够领会其中蕴含的美学原则，如对称与均衡、虚实相生、动静结合等，培养自己的美感经验和审美直觉。同时，在创作实践中，学生还能学习和运用传统绘画的造型方法、构图原理，提高审美表现力和创造力。

诗词歌赋是中华民族智慧和情感的结晶，蕴藏着丰富的意象美、韵律美、意境美。诵读和吟咏传统诗词，能够引导学生感受其中精妙的意象组合，体会词人情感的真挚动人，领略意境空灵、余韵悠长的艺术魅力。在创作实践中，学生还能运用传统诗词的意象、韵律等表现手法，抒发自己的情感体验，提炼生活的美学意蕴，从而提升审美鉴赏力和表现力。

戏曲艺术集文学、音乐、舞蹈、美术等多种艺术形式于一体，以其细腻丰富的情感表达、夸张生动的程式化表演，展现了独特的艺术魅力。通过欣赏经典戏曲作品，学生能够感受其中饱满的情感张力，领略角色塑造的入木三分，把握水袖、髯口等程式化表演的精髓。同时，在排演实践中，学生还能掌握戏曲表演的基本程式，提高表情达意、形神兼备的表演能力，从而丰富自身的审美体验。

民间工艺如剪纸、刺绣、泥塑等，蕴含着质朴、灵动的艺术魅力，展现了劳动人民的智慧和创造力。通过欣赏和学习传统工艺，学生能够领略其中蕴含的丰富想象力和夸张变形的特点，了解不同地域工艺的风格流派，感受民间艺术家对生活的热爱和美好向往。同时，动手实践传统工艺，还能培养学生的动手能力和创新意识，启发其用艺术的眼光发现和表现生活之美。

传统节日习俗、民间故事、神话传说等也蕴含着丰富的审美内涵，对学生审美情趣的培养大有裨益。通过参与传统节日活动，学生能够感受其中蕴含的天人合一、热爱生活的情怀；聆听民间故事、神话传说，能领略中国人浪漫主义的想象力，感受理想人格的魅力。这些传统文化的熏陶，能够丰富学生的精神世界，陶冶高尚的情操。

二、增强文化自信

（一）了解文化根源

了解文化根源是增强文化自信的重要途径。中华优秀传统文化历史悠久、源远流长，蕴含着丰富的哲学思想、人文精神、道德理念和审美情趣。只有深入探究这些文化瑰宝的起源和发展脉络，才能真正领悟其深刻内涵，增进对民族文化的认同感和自豪感。

对中华优秀传统文化根源的探究，首先要从历史的维度入手。中华文明从远古时期起就孕育出灿烂的文化成果，如甲骨文、青铜器等，凝结了先民的智慧结晶。这些文物不仅具有重要的考古价值，更承载着中华民族的精神图谱。通过梳理不同时期的代表性文化遗存，学生能够直观地感受中华文明的历史渊源和发展轨迹，加深对文化传承的理解。

了解文化根源还需要从哲学的视角切入。中国传统哲学思想博大精深，儒、道、法等流派百家争鸣、各领风骚。儒家“仁者爱人”的博爱情怀、道家“天人合一”的生态理念、法家“明君理国”的治国方略，无不闪耀着真理的光芒。引导学生探究这些思想的渊源和发展，能够帮助其建立起系统完整的哲学认知，领悟中华智慧的精髓。

文学艺术也是了解文化根源的重要维度。诗词歌赋、戏曲小说等传统文学形式，以其丰富多彩的表现手法和意蕴隽永的艺术魅力，成为中华文化的瑰丽明珠。通过鉴赏经典文学作品，分析其背后的创作背景和思想内涵，学生能够切身感受先人们留下的文化遗产，提升人文素养和审美情趣。

在教学实践中，教师应精心设计教学内容，选取具有代表性的历史事件、哲学命题、文学作品等，引导学生开展专题探究。例如，在学习先秦诸子百家思想时，教师可以组织学生分组讨论，撰写小论文，引导其比较不同学派的异同，分析各家思想的渊源和影响。又如，在鉴赏唐诗宋词时，教师可以引导学生探究作品的创作背景，揣摩作者的情感世界，领悟其中蕴含的人文精神。这些探究性学习，不仅能加深学生对文化知识的理解，更能引导其主动追溯文化根源，增强文化认同感。

（二）认同文化价值

中华优秀传统文化的价值是历久弥新、博大精深的，它凝聚着中华民族的智慧结晶和精神追求。对于当代学生而言，认同并传承中华优秀传统文化的价值，对于坚定文化自信、塑造民族气质、提升人格修养都具有重要意义。

中华优秀传统文化蕴含着丰富的人文精神和道德理念。仁、义、礼、智、信等传统美德，体现了中华民族崇尚仁爱、重义理、尚礼节、尊智慧、守诚信的高尚品格。“天人合一”的宇宙观，彰显了中华民族敬畏自然、崇尚和谐的生态智慧。“以和为贵”的处世哲学，凸显了中华民族追求和睦、包容差异的宽广胸怀。这些思想精华既是中华民族宝贵的精神财富，也是当代学生树立正确价值观、提升道德修养的重要营养。

认同中华优秀传统文化的价值，有助于当代学生增强民族自豪感和文化认同感。博大精深的中华文化是中华民族生生不息、薪火相传的根基所在。历史上，无数仁人志士心怀家国、舍生取义的感人事迹，无不彰显了传统文化的强大感召力和凝聚力。通过学习和传承这些文化瑰宝，学生能够更加深刻地认识到自己是中华儿女，进而激发爱党爱国、报效祖国的家国情怀。同时，面对西方文化的冲击和割裂，传统文化又为学生提供了难能可贵的文化自信和价值支撑，使其在多元文化交流中保持自身的文化主体性。

中华优秀传统文化还能陶冶学生的情操，启迪人生智慧，为其全面发展提供精神滋养。诸如诗词歌赋、琴棋书画等传统文化艺术，既富含教化意蕴，又蕴藉着美的熏陶，能够帮助学生提升审美情趣、涵养高雅气质。而《论语》《孟子》等传世经典，更是凝结了先贤的哲思智慧，为学生的人格塑造和精神成长提供了宝贵的行为规范和处世箴言。诸如“知者乐水，仁者乐山”的境界追求，“穷则独善其身，达则兼济天下”的人生抱负，无不彰显了中华传统文化昂扬向上、崇德尚义的价值内核。

（三）弘扬文化传统

中华优秀传统文化蕴含着丰富的思想智慧和道德理念，是中华民族宝贵的精神财富。在当前社会转型和价值观多元化的背景下，继承和弘扬中华优秀传统文化显得尤为重要。它不仅能够增强民族凝聚力、文化认同感，更能为社会主义核心价值观的培育提供深厚的文化土壤。

中华优秀传统文化的一个鲜明特点就是重视道德教化，强调个人修养与社会责任的统一。儒家思想把“修身、齐家、治国、平天下”作为理想人格的培养标准，突出强调个人品德与社会秩序的契合。在儒家看来，个人的道德修养是实现社会和谐的基础，只有每个人都能自觉遵循礼义廉耻，才能实现“天下为公”的理想社会。这种以德治国、以德化民的思想，对于当今社会加强公民道德建设，培育社会主义核心价值观具有重要启示意义。

中华优秀传统文化还十分注重家庭伦理道德建设。在传统文化中，“孝悌为德之本，父慈子孝，兄友弟恭”是家庭和睦的基本准则。这些伦理规范不仅强调晚辈对长辈的孝顺和尊重，更倡导家庭成员之间的亲密无间、相互扶持。在现代社会，家庭仍然是个人道德教育的重要场所。通过挖掘和阐释中华传统家庭美德，可以引导人们树立正确的家庭观、婚姻观，促进家庭和谐，夯实社会和谐稳定的基础。

中华优秀传统文化中蕴含的刚健有为、自强不息的进取精神，是激励中华儿女奋发向上的重要思想资源。传统文化中处处闪耀着中华民族自强不息的品格，在新时代背景下，要大力弘扬这种宝贵的民族精神，激励广大人民群众在实现中华民族伟大复兴的征程中拼搏奋进、开拓创新。

在教育领域，中华优秀传统文化的传承和弘扬也大有可为。通过在各学科教学中融入传统文化元素，可以帮助学生形成民族认同感和文化自信心。例如，在语文教学中，教师可以引导学生阅读经典国学著作，感悟先贤的智慧；在历史教学中，教师可以讲述中华文明的发展历程，激发学生的爱国情怀；在艺术教学中，教师可以传授传统工艺技能，培养学生的审美情趣。这不仅能丰富学生的知识体系，更能引导其树立正确的人生观和价值观。

在弘扬中华优秀传统文化的过程中，也要秉持理性、开放的态度，取其精华、去其糟粕。传统文化并非凝固不变的化石，而是在不断继承创新中发展的。我们要立足当代、面向未来，在批判吸收传统文化的基础上，赋予其新的时代内涵，使其在现代社会焕发出勃勃生机。

三、提升社会责任感

（一）培养公民意识

公民意识是现代社会的重要基石，它不仅关乎个人的权利义务，更影响着国家的长治久安。在中华优秀传统文化的熏陶下，培养学生的公民意识，对于促进社会和谐发展、实现中华民族伟大复兴具有重要意义。

从个人层面来看，公民意识的培养有助于塑造学生正确的人生观和价值观。通过学习传统文化中的君子之道、修身正己等思想，学生能够树立正确的是非观念，形成高尚的道德情操。同时，传统文化中强调家国情怀、以天下为己任的价值追求，也能激励学生胸怀广阔、积极进取，成长为有理想、有担当的时代新人。只有每个公民都具备良好的道德修养和强烈的社会责任感，国家和民族才能实现长治久安、永续发展。

从社会层面来看，公民意识的培养是构建和谐社会的重要基础。中华优秀传统文化蕴含着“和而不同”“协和万邦”等价值理念，强调个人利益与社会利益的统一，主张包容差异、追求大同。将这些思想渗透到公民意识教育中，能够引导学生正确处理个人与他人、个人与社会的关系，自觉践行社会主义核心价值观，为构建和谐社会贡献自己的力量。反之，如果公民缺乏对他人、对社会的责任意识，就容易导致不道德、不法现象的发生，给社会的和谐稳定带来隐患。

从文化传承层面来看，弘扬中华优秀传统文化、加强公民意识教育是民族复兴的迫切需要。作为中华民族的精神图腾和智慧结晶，中华优秀传统文化是我们坚定文化自信的根基所在。新时代要实现中华民族伟大复兴，必须传承和弘扬中华民族的核心价值，用其涵养公民意识，以文化的力量凝聚人心、会聚民力。那些在传统文化中广为流传、发扬光大的仁、义、礼、智、信、天人合一、以和为贵等理念，正是公民意识的重要内容。只有让传统文化基因融入公民意识培育的血脉，在实践中焕发出新的生机，才能为民族复兴提供强大的价值引领和精神动力。

（二）增强社会担当

中华优秀传统文化所倡导的社会和谐理念，不仅有助于化解现代社会矛盾，维护社会稳定，更为构建人类命运共同体提供了宝贵的智慧启示。在传统文化中，和谐被视为天人合一、阴阳平衡的至高境界，体现了中华民族对美好生活的向往和追求。这种和谐观念不仅体现在人与自然的关系中，更渗透到了社会生活的方方面面。

儒家思想强调“和而不同”，主张在肯定差异的基础上求同存异、和而不同，以达致社会和谐稳定。孔子提出“君子和而不同，小人同而不和”的观点，强调“和”是君子的重要品德，是化解矛盾、维护团结的重要手段。君子能包容不同观点，通过协商对话化解分歧，达成共识。这种“和而不同”的处世哲学，为我们处理复杂的社会关系提供了重要启示。在现实生活中，人与人之间在利益诉求、价值观念等方面难免存在差异和矛盾。如何在承认差异的基础上寻求最大公约数，在多元中求统一，考验着我们的智慧和胸怀。唯有秉持“和而不同”的理念，摒弃成见，通过沟通交流增进理解、化解对立，才能实现社会的长治久安。

道家则从宏观的视角阐释天地人和谐共生的境界。老子提出“人法地，地法天，天法道，道法自然”的朴素辩证法，揭示了人与自然、人与社会、人与人之间的内在联系。在道家看来，万事万物都处于动态平衡之中，矛盾双方相互依存、相互转化。顺应自然规律，行于无为，就能实现天人合一、万物和谐。这种思想对于化解人与自然、人与社会的矛盾，实现全社会的和谐发展具有重要的指导意义。在现代社会，人类活动对自然环境造成了巨大的破坏，生态失衡问题日益突出。唯有树立平等互惠、和谐共生的观念，加强环境保护，节约资源能源，才能实现人与自然的可持续发展。同时，面对日益复杂的社会系统，我们也应充分吸收古人智慧，从整体和长远的角度把握社会发展的规律，实现经济、政治、文化、社会、生态等各领域的协调发展。

中华优秀传统文化还非常重视家庭和睦、邻里和谐，将其视为社会稳定的基础。孟子指出，齐家是治国平天下的前提和基础。“修身齐家”要求人们注重家庭美德的培养，摒弃内部争斗，同心同德，共创和谐温馨的家庭氛围。邻里和谐则体现了中华民族重情重义的传统美德。温暖和睦的邻里关系是社会细胞的维系纽带，有助于化解矛盾冲突，增进感情交流。在现代都市生活中，人们往往忽视了传统的家庭观念和睦邻友爱的精神。邻里之间形同陌路，家庭成员缺乏沟通，婚姻破裂现象频发。唯有重拾中华优秀传统文化，注重家庭伦理道德建设，发扬邻里守望相助的精神，才能重塑人际关系的和谐，夯实社会发展的根基。

“天下大同”的理想社会图景是中华文化对人类未来的美好憧憬，彰显了中华民族心怀天下的博大胸怀。在全球化背景下，人类社会面临诸多共同挑战，如气候变化、恐怖主义、贫困饥饿等。解决这些问题需要各国通力合作，携手构建人类命运共同体。而中华优秀传统文化所倡导的协和万邦、天下为公的理念，正契合了这一时代诉求。在处理国家间关系时，应摒弃偏见和成见，在平等互信的基础上加强对话合作，优势互补，携手应对全球性挑战；在全球治理中，要坚持共商共建共享的原则，照顾彼此利益关切，追求共同发展繁荣。唯有如此，才能实现持久和平、普遍安全、共同繁荣、开放包容、清洁美丽的美好世界。

（三）促进社会和谐

中华优秀传统文化教育在促进社会和谐方面具有独特而重要的作用。通过传承和弘扬中华民族的传统美德，如仁爱、礼让、诚信、正直等，传统文化教育能够引导学生树立正确的价值观，培养其高尚的道德情操。这些品格不仅有助于学生个人的健康成长，更能为构建和谐社会奠定道德基础。

传统文化中蕴含着丰富的处世智慧和为人准则，教导人们以和为贵，以礼待人。“己所不欲，勿施于人”“老吾老以及人之老，幼吾幼以及人之幼”等思想，体现了对他人的尊重和关爱。将这些理念贯穿教育之中，能够引导学生形成平等、友善、互助的人际关系，增进人与人之间的理解和沟通。当代社会复杂多变，人际关系日益疏离，传统文化教育在化解矛盾、消弭隔阂、促进和谐共处方面大有可为。

优秀传统文化还重视个人修养与社会责任的统一。“修身、齐家、治国、平天下”的理念，强调个人品德与家庭、国家、天下的紧密联系。通过传统文化教育，学生能够深刻认识到个人的言行举止对家庭、社会乃至国家的影响，增强社会责任感和使命感。他们将成长为有理想、有担当、有作为的时代新人，自觉投身到社会建设之中，为推动社会和谐进步贡献力量。

传统文化中还包含着众多有关亲情、友情、爱情的思想和故事，如孟母三迁、愚公移山、梁山伯与祝英台等。这些故事歌颂了高尚纯洁的情感，赞美了深沉执着的爱。将这些思想和故事融入教学，能够帮助学生正确认识和对待各种人际关系，学会用爱化解矛盾，用真诚温暖他人，用包容构建和谐。

第二章　中华优秀传统文化教育的教材与课程建设

第一节　教材编写的原则与方法

一、教材内容的选择与编排

（一）内容选择标准

内容选择是编写中华优秀传统文化教材的首要环节，它直接关系教材质量和教学效果。在海量的传统文化资源中，如何遴选出最具代表性、最富教育意义的内容，是摆在编者面前的一道重要命题。科学、合理的内容选择标准，是编写高质量教材的关键所在。

内容选择要符合课程目标和教学大纲的要求。中华优秀传统文化课程肩负着传承民族文化、培育家国情怀的重任，因此所选内容必须能够体现中华文化的核心价值和时代精神，如天人合一的生态智慧、以和为贵的处世哲学、忠孝廉耻的道德操守等。同时，所选内容还要契合不同学段学生的认知特点和兴趣爱好，做到春风化雨、润物无声。

内容选择要充分考虑知识的系统性和逻辑性。中华传统文化博大精深，内容丰富而又纷繁复杂。因此，在教材编写中，要注重挖掘不同知识点之间的内在联系，帮助学生构建完整、系统的知识体系。编者应该精心设计教学内容序列，循序渐进、环环相扣，引导学生一步步地理解和掌握传统文化的精髓。

内容选择要兼顾经典性和时代性。一方面，教材要吸纳传统文化中最为经典、最富思想价值的内容，如《论语》《道德经》等儒道经典，《诗经》《楚辞》等文学巨著。这些经典作品凝结了中华民族的智慧结晶，是传统文化的精华所在。另一方面，教材还应纳入富有时代特色的现代元素，体现传统文化在新时代的创造性转化和创新性发展。如将传统美德与社会主义核心价值观相结合，将古代科技成就与现代科学发展相对接，增强教材的时代感和吸引力。

内容选择还需注重趣味性和互动性。传统文化教材切忌晦涩难懂，应采用生动活泼、图文并茂的方式呈现内容，激发学生的学习兴趣。在内容编排上，要为学生预留思考和讨论的空间，设置开放式问题，鼓励其积极参与课堂互动，在交流碰撞中加深对传统文化的理解和认同。

内容选择还要体现价值导向和育人功能。传统文化绝非单纯的知识堆砌，更蕴含着丰富的人文精神和道德内涵。教材选材时，既要彰显中华优秀传统文化的精神内核，又要适时融入社会主义核心价值观的时代要求，将知识传授与价值引领有机统一，把文化自信和道德养成落实到教材编写的全过程。

（二）内容编排逻辑

中华优秀传统文化教材的编排是一个系统而复杂的过程，需要编者深谙中华文化的精髓，洞悉教育教学规律，并以高度的文化自觉和使命担当，精心组织教材内容。在内容编排上，应遵循文化传承与时代发展相结合、历史与现实相贯通、知识传授与能力培养相统一的原则，突出教材的思想性、科学性和适用性。

首先，教材内容编排的逻辑，应体现中华优秀传统文化的核心要义和基本特征。中华文化源远流长、博大精深，内容极其丰富。教材编排要在广泛吸收的基础上，提炼出中华文化的精华，如人文精神、价值理念、思维方式等，使之成为贯穿教材的主线。这些核心内容不应是零散割裂的，而应形成一个有机联系、相互支撑的整体，彰显中华文化的内在逻辑和思想体系。

其次，教材内容编排要符合学生的认知规律和接受能力。中华优秀传统文化蕴含着丰富的哲学思想、文学艺术、历史知识等，涉及面广，内容抽象。对于学生而言，尤其是中小学生，许多内容可能超出了其理解范围。因此，教材编排要充分考虑学生的年龄特点和认知水平，将深奥的文化内容转化为浅显易懂的语言和生动具体的案例，同时设置由浅入深、循序渐进的学习路径，引导学生逐步深化对中华文化的认识和理解。

再次，教材内容编排要紧密联系当代社会现实和学生生活实际。中华优秀传统文化具有鲜明的实践品格，蕴含着丰富的智慧和为人处世的道理。教材编排应立足当下，充分挖掘传统文化中有益于当代社会发展、有助于学生健康成长的思想资源，使学生感受到传统文化不是束之高阁的古董，而是同自己的生活息息相关、与社会发展紧密相连的。教材还可以设置一些议题或案例，引导学生运用所学文化知识分析现实问题，在实践中加深对传统文化的领悟。

最后，教材内容编排还要注重挖掘中华文化中蕴含的丰富教育资源。中华传统文化中有许多关于教育教学的精彩论述和生动实践，如《学记》《礼记》中的教育思想，孔子、孟子、荀子等的教育主张，宋明理学家的教育实践等。这些内容不仅对学生的熏陶具有重要作用，对教师的专业发展也有极大启发。教材编排应适当选取这些内容，使教材不仅是学生学习的读本，也成为教师教学的资源宝库和方法指南。

二、教材语言的规范与表达

（一）语言规范要求

中华优秀传统文化教材的语言规范要求主要体现在三个方面：术语的规范化使用、语言的规范化表达和语言风格的规范化选择。

在术语的规范化使用上，教材编写者应严格遵循学术界普遍接受的规范，准确使用各学科领域的专业术语。传统文化研究涉及历史学、哲学、文学、艺术等多个学科，不同学科有其特定的术语体系。教材编写者需要充分了解和掌握各学科的术语，在行文中准确无误地使用，避免概念混淆或表述不当。同时，对于一些古籍中的特殊概念和术语，也要给予必要的解释说明，帮助学生理解其内涵。

在语言的规范化表达上，要求教材编写者在行文中遵循现代汉语的语法规则和表达习惯。传统文化教材的内容多取材于古代典籍，文言文比重较大。但考虑到大学生的实际语文水平，教材行文应以白话文为主，适度引用文言文原句。对于引用的文言文，应酌情加以注释或改写，使其意思明白晓畅。此外，教材语言还应力求简洁、明了，减少冗长累赘的表述，使学生易于理解和接受。同时，编写者还应注意语言的逻辑性和连贯性，使全书脉络清晰、前后呼应。

在语言风格的规范化选择上，传统文化教材应体现出一定的人文性和思想性。传统文化蕴含着丰富的人文精神和道德理念，教材语言应能充分展现其中的价值取向和情怀追求。这就要求编写者在行文中注重言语的感染力和表现力，适当运用比兴手法，引经据典，使教材语言具有文采性和文学性。当然，教材毕竟是学术著作，其语言风格还应保持科学理性的特点。编写者要在准确表述的基础上，适度融入人文性因素，避免过于感性化或诗意化的表达。

中华优秀传统文化教材语言的规范化要求是一项系统工程，需要编写者在术语使用、语言表达和风格把握等方面统筹兼顾，形成规范统一、科学严谨的语言体系。规范化的教材语言不仅有助于学生准确理解和把握传统文化知识，也能潜移默化地影响其语言习惯和人文素养，引导学生热爱祖国语言文字，继承和弘扬中华优秀传统文化。同时，语言规范也是教材质量的重要体现，关乎教材的权威性和科学性。

（二）语言表达技巧

在中华优秀传统文化教育教材编写中，语言表达是一个不可忽视的关键环节。语言作为传递知识、表达情感、塑造价值观的重要载体，在教材中发挥着至关重要的作用。教材编写者需要精心斟酌每一个词句，力求语言表达的规范性、准确性、生动性和感染力，以更好地实现教材的育人功能。

语言表达的规范性是教材编写的基本要求。教材语言应符合现代汉语语法规范，遵循词汇使用的准确性原则，避免使用方言土语、网络流行语等不规范用语。同时，教材语言还应符合中华优秀传统文化的语言特点和表达习惯，体现出典雅、飘逸、含蓄的语言风格。规范的语言表达不仅有助于学生准确理解教材内容，更能潜移默化地影响学生的语言习惯，提升其语言表达能力。

语言表达的准确性是教材编写的重中之重。教材所传递的知识理念必须准确无误，这就要求编写者准确理解和把握中华优秀传统文化的精髓，用精准的语言表述文化内涵。同时，针对不同年龄段学生的认知特点，教材语言还应具有针对性和适宜性，做到深入浅出、通俗易懂。准确的语言表达能够帮助学生深刻领会中华优秀传统文化的价值内核，牢固树立文化自信。

语言表达的生动性是提升教材吸引力的有效途径。生动形象的语言描述能够激发学生的阅读兴趣，调动其情感体验，加深对教材内容的理解和记忆。例如，在讲述历史人物事迹时，教材可以运用细节描写、对比衬托等手法，塑造生动鲜活的人物形象；在阐释哲学理念时，教材可以引用诗文名句、寓言故事等，化抽象为具体，增强文化内涵的感性认识。总之，灵活多样的语言表达方式能够拉近教材与学生的距离，提高教材的亲和力和感染力。

语言表达的感染力是教材实现育人功能的内在要求。优秀的教材语言不仅要传递知识，更要触及学生心灵，引导其形成正确的价值取向。这就要求教材语言蕴含真情实感，富有感召力和穿透力。例如，在讲述传统美德时，教材语言应饱含真挚情感，以理服人、以情感人；在倡导家国情怀时，教材语言应慷慨激昂、荡气回肠。感人肺腑的语言表达能够引起学生的情感共鸣，唤起其道德认同，最终内化为自觉的行动追求。

三、教材结构的设计与布局

（一）章节结构设计

教材的章节结构设计是教材编写中的核心环节，它直接关系教材内容的组织、呈现以及学生的学习效果。在设计章节结构时，需要遵循一定的逻辑和原则，以确保内容的连贯性、系统性和易读性。

章节结构设计需要遵循方向性、完整性和适切性等基本原则。方向性原则要求章节设计明确教学目标和学科方向，与课程标准和教学大纲保持一致；完整性原则要求章节内容全面覆盖学科知识点，形成有机的知识体系，避免遗漏或重复；适切性原则要求章节设计充分考虑学生的认知水平和心理发展特点，确保内容的难度和深度适中。

在具体设计章节结构时，通常包括章节划分、章节标题、章节引言、正文内容、章节小结以及练习与拓展等部分。章节划分可以根据知识点或主题进行，每个章节集中讨论一个或几个相关的知识点或围绕某个主题深入探讨。章节标题应简明扼要地概括章节内容，具有吸引力和启发性。章节引言用于介绍章节的背景、意义和学习目标，帮助学生建立学习预期。正文内容是章节的核心部分，需要围绕章节主题展开，通过多种方式呈现知识点，并确保内容组织条理清晰、逻辑严密。章节小结用于概括章节要点和核心内容，帮助学生回顾和巩固所学知识。练习与拓展部分则用于检验学生对章节内容的掌握程度，并提供与章节内容相关的延伸阅读材料或实践活动。

随着教育理念的更新和教学方法的改革，教材的章节结构设计也在不断创新和发展。一些教材开始尝试采用模块化、项目化等新型章节结构形式，以适应不同学科特点和教学需求。模块化章节结构将教材内容划分为多个相对独立的模块，每个模块包含完整的知识体系和实践环节，便于教师和学生根据教学需求进行灵活选择和组合。而项目化章节结构则围绕某个具体项目或任务组织章节内容，通过项目实施过程来引导学生学习和掌握相关知识点，注重实践性和应用性，有助于培养学生的综合能力和创新精神。

（二）版面布局原则

教材版面布局是影响学生学习效果和教材使用便捷性的重要因素。科学、合理的版面布局能够增强教材的可读性和吸引力，引导学生更好地理解和掌握知识。在中华优秀传统文化教育教材的编写过程中，应当遵循以下几个版面布局原则。

版面布局应当突出重点，层次分明。教材中的重要概念、原理和方法应当以醒目的方式呈现，如加粗、放大字号、使用特殊符号等，以吸引学生的注意力。同时，教材的层次结构应当清晰，章节标题、一级标题、二级标题等应有明显区分，便于学生快速定位和查找信息。此外，重要的文化典故、历史事件等可以使用插图、图表等形式突出显示，增强教材的形象性和生动性。

版面布局应当符合学生的认知规律。不同年龄阶段的学生对字体大小、行距、字间距等排版要素有不同的需求。例如，低年级学生对字体大小的要求更高，而高年级学生则需要更加紧凑的排版以提高阅读效率。因此，在教材编写时应充分考虑学生的认知发展特点，选择适宜的字号、字体、行距等，减少学生的阅读障碍。同时，版面中应适当留白，避免过于拥挤和凌乱，给学生以视觉上的休息和缓冲。

版面布局应当体现中华文化的精髓。作为中华优秀传统文化教育教材，其版面设计应当体现中华文化的深厚底蕴和独特魅力。例如，可以使用书法字体作为标题，彰显中华文字的艺术性；或者在版面中融入水墨画、剪纸等传统元素，营造古朴雅致的氛围。此外，章节的起止、分割线等细节处也可以用传统纹样装饰，体现文化内涵。当然，这些文化元素的使用应当适度，避免喧宾夺主，影响教材内容的传递。

版面布局应当力求创新，与时俱进。随着数字化技术的发展，教材的形态日趋多样化。电子教材、数字教材等新型载体对版面布局提出了新的要求和挑战。在进行教材编写时，应积极吸收现代设计理念，探索新颖的呈现方式，如交互式设计、动态呈现等，以增强教材的吸引力和感染力。同时，还应关注学生的阅读习惯变化，适应碎片化、移动化的阅读趋势，优化版面设计，提高教材的易用性。

（三）目录与索引设置

教材目录和索引的合理设置是提高教材质量和使用效率的重要环节。目录作为教材的提纲挈领，应能清晰反映教材的整体框架和内容组织。编者需要在深入研究教学大纲、课程标准的基础上，精心设计教材的章节结构，形成条理清晰、逻辑严密的目录体系。目录应包含各章节的标题、页码等基本信息，同时也可以适当体现各章节的层次关系，帮助读者快速把握教材脉络。在目录的编排上，应采用规范、易读的格式，合理运用字体、字号、缩进等排版元素，提高目录的可读性和美观性。

相比之下，索引则是帮助读者快速检索教材内容的重要工具。一部优秀的教材应该配有详尽、准确的索引，涵盖重要概念、人名、事件等关键信息。编者应在教材内容确定后，认真梳理各章节涉及的核心知识点，提炼关键词，形成完整的索引条目。在索引的编制过程中，需要遵循一定的规范和原则，如按照拼音字母排序、合理设置辅助标目、标注词条出现的页码等。通过细致、严谨的索引编制，可以大大提高读者检索信息的效率，增强教材的实用性。

除了传统的目录和索引，在数字化时代，一些创新的内容组织和检索方式也值得关注。例如，借助超链接技术，可以在电子版教材中实现目录和正文的无缝链接，方便读者快速跳转到感兴趣的章节。又如，通过自然语言处理、语义分析等技术，可以实现教材内容的智能检索和推荐，为读者提供更加个性化、精准化的信息服务。这些新技术与传统的目录、索引相结合，有望进一步提升教材的使用体验。

四、教材编写的审校与修订

（一）审校流程

教材的审校与修订是保证教材质量、实现教学目标的关键环节。在中华优秀传统文化教育的教材编写过程中，审校流程的科学性和严谨性尤为重要。只有建立起系统完善的审校机制，才能及时发现并纠正教材中存在的错误和不足，确保教材内容的准确性、规范性和时效性。

审校流程通常包括自审、他审、专家审和终审等环节。在自审阶段，编者要反复检查教材内容，包括文字、数据、图表、逻辑等方面，力求做到万无一失。他审则是由非编者的其他人员进行审读，这有助于发现编者疏于注意的问题。专家审是由相关领域的权威专家对教材进行全面评估，提出修改意见。专家不仅要把关教材的学术质量，还要评判其是否符合人才培养目标、是否适应教学需求。终审是出版社组织的最后把关，确保教材符合出版标准和规范。

在中华优秀传统文化教育教材的审校中，还要特别关注几个方面。一是思想性和育人导向。教材应体现社会主义核心价值观，弘扬中华民族传统美德，引导学生树立正确的世界观、人生观、价值观。二是文化内涵的准确性和丰富性。要准确理解和阐释中华优秀传统文化的精髓，展现其博大精深的内涵，避免低俗化、庸俗化倾向。三是教学设计的针对性和实效性。要结合学生特点和认知规律，采用恰当的教学策略和呈现方式，突出中华优秀传统文化的现实意义，增强教材的吸引力和感染力。

在修订教材时，要本着持续改进的原则，虚心听取各方意见，认真分析教学实践中暴露出的问题。通过师生反馈、教学效果评估等渠道，全面诊断教材的适用性和有效性，并进行有针对性的修改。对于重大修改，要反复论证，确保修改的必要性和可行性。同时，修订工作要与时俱进，根据社会发展、教育政策、学生需求等变化及时更新教材内容。

（二）修订原则

教材修订是教材建设的重要环节，对于提高教材质量、满足教学需求具有重要意义。在修订过程中，应遵循以下几个基本原则。

第一，坚持正确的政治方向。教材修订必须坚持马克思主义指导地位，深入贯彻习近平新时代中国特色社会主义思想，坚定不移地用党的创新理论武装人民、教育学生。要始终把培养担当民族复兴大任的时代新人作为根本任务，引导学生树立正确的世界观、人生观、价值观，自觉践行社会主义核心价值观。教材内容要体现党和国家在思想领域的主导权，传递正能量，弘扬主旋律，坚定学生的理想信念。

第二，体现继承与创新的统一。中华优秀传统文化是中华民族的精神命脉，蕴含着丰富的教化思想和德育资源。教材修订要传承弘扬中华优秀传统文化，挖掘其中的思想精华和道德理念，融入德育教育的全过程。同时，教材修订又要立足时代，紧跟教育改革发展步伐，体现教育教学理念创新和实践经验总结，增强教材的时代性和针对性。要把握古为今用、推陈出新的辩证法，在继承传统的基础上不断改革创新，使教材内容更加贴近学生、贴近教学、贴近时代。

第三，坚持科学性与思想性相统一。教材修订必须坚持马克思主义的立场、观点和方法，运用辩证唯物主义和历史唯物主义分析和解释相关问题，引导学生树立正确的世界观和方法论。教材内容要以客观事实为依据，尊重教育教学规律，符合学生的认知特点和接受能力。要处理好政治性和学术性的关系，坚持以科学的态度对待科学，不断提高教材的科学化水平。同时，教材修订又要体现鲜明的思想性，用马克思主义中国化的最新成果武装教材，充分发挥教材的思想引领作用。

第四，突出育人导向。教材的根本任务是立德树人，教材修订必须突出德育功能，把社会主义核心价值观融入教材编写的全过程。要着力提升教材的思想性、针对性和亲和力，加强对学生世界观、人生观、价值观的引导，帮助学生扣好人生的“第一粒扣子”。要充分利用中华优秀传统文化中蕴含的丰富道德资源，创新德育内容和方式，增强教材的吸引力和感染力。同时，教材修订还要关注学生的发展需求，激发其学习兴趣，提高学习效率，促进学生的全面发展。

第五，注重系统性和逻辑性。教材内容要反映学科体系的内在逻辑，合理安排各知识模块，构建科学完整的知识结构。章节设置要前后衔接，层次分明，避免出现逻辑混乱、缺失断层的现象。概念的界定要准确、简洁，新旧概念的关联要合理，定义要规范。重点难点的处理要得当，说明要深入浅出，讲解要细致全面。案例选取要典型，时间、地点、人物、事件等要素要准确，叙述要生动具体，能够增强教材的说服力。

第六，符合语言文字规范。教材修订必须符合语言文字的表达规范，文字要准确、鲜明、生动，语言要简洁、流畅、易懂。要正确使用标点符号，严格执行国家颁布的《标点符号用法》，做到点号运用准确、符号使用规范。要全面推进教材用字的规范化，选用通行的简化字，避免使用错别字。要控制教材用词的数量，优先选用《现代汉语常用词表》中的词，少用生僻词、方言词。

第二节　课程体系的构建与设计

一、课程目标的设定与分解

（一）总体目标设定

明确课程总体目标是高校教学活动顺利开展的基础和前提。作为一门融合人文教育与科学教育的综合性学科，中华优秀传统文化课程的总体目标应该体现知识传授、能力培养、情感态度与价值观塑造等多个维度。具体而言，中华优秀传统文化课程的总体目标可以概括为以下几个方面。

第一，引导学生系统掌握中华优秀传统文化的基本知识。这是课程目标的基础层面。通过课程学习，学生应该对中华文明的发展历程、主要成就、核心思想等有一个全面而准确的认识。这不仅包括对儒、道、佛等主流思想的理解，也涵盖了对传统文学艺术、科技发明、生活方式等多个领域的了解。只有夯实知识根基，学生才能真正领会传统文化的博大精深。

第二，提升学生传承和弘扬中华优秀传统文化的能力。在知识学习的基础上，课程还应注重培养学生运用所学知识、分析和解决问题的能力。例如，引导学生将传统哲学思想与现实生活相联系，思考传统美德在当今社会的价值；又如，鼓励学生创新性地继承和发展传统艺术形式，把传统文化元素融入现代创作。通过能力培养，学生不仅能够更好地理解和欣赏传统文化，更能够成为传统文化的积极传播者和创新者。

第三，培养学生对中华优秀传统文化的认同感和自豪感。在知识传授和能力培养之外，情感态度的引导同样不容忽视。课程学习不应停留在抽象的理论层面，而应引导学生在情感上产生共鸣，建立民族文化自信。教学中，教师可以讲述传统美德的动人故事，分析传统哲理蕴含的人生智慧，引导学生感悟中华文化的独特魅力。同时，教师也要引导学生以包容、开放的心态看待传统文化，也会从多元视角理解和欣赏其他民族的优秀文化成果，增进不同文化间的互鉴与交流。

第四，引导学生树立正确的价值观念和荣辱观。中华优秀传统文化蕴藏着丰富的价值理念，如“己所不欲，勿施于人”的换位思考，“天下兴亡，匹夫有责”的担当精神，“富贵不能淫，贫贱不能移，威武不能屈”的浩然正气等。这些价值理念对于学生健全人格，成长为有理想、有担当的时代新人具有重要意义。课程教学要引导学生深入领会、内化这些价值理念，树立正确的世界观、人生观和价值观，并将其外化为自觉行动。

第五，推动学生将中华优秀传统文化内化于心、外化于行。课程学习的最终目的，是推动传统美德成为学生日常言行的内在要求，激励学生将崇高理想转化为奋发有为的实际行动。因此，课程既要重视对中华传统美德的讲解和示范，又要为学生提供行动实践的机会和平台，引导其把握自身成长与民族复兴的关系，自觉将个人理想融入国家和民族的伟大梦想。通过内化与外化的双向推进，使中华优秀传统文化真正成为涵育学生、成就事业、报效国家的精神动力。

（二）分阶段目标

分阶段目标的设定是实现课程总体目标的重要环节和具体路径。它需要教师根据总体目标的内涵，结合学生的认知发展规律和学习特点，将宏大、抽象的总体目标转化为具体、可操作的阶段性目标。这一过程不仅有利于教师把握教学进度，科学组织教学活动，更有助于引导学生循序渐进地接近总体目标，最终实现知识、能力、情感态度的全面发展。

分阶段目标通常包括学期目标、单元目标和课时目标等层次。学期目标是对一个学期内课程教学预期达成的目标描述，它直接服务于总体目标，具有承上启下的作用。单元目标则是在学期目标指引下，根据教学内容的逻辑关系和学科特点提炼出的若干阶段性目标。课时目标是最具体、最微观的目标设定，它直接指导每一节课的教学活动，对实现单元目标和学期目标具有基础性作用。

在设定分阶段目标时，教师需要遵循科学性、针对性和可操作性的原则。所谓科学性，就是要符合教育教学规律和学生身心发展特点，既要有适度的挑战性，又不能脱离学生的实际水平；针对性是指要紧扣总体目标，围绕核心素养展开，切实提升学生的综合素质；可操作性强调目标要具体明确，能够通过教学活动予以实现，便于评价和监控。

以中华优秀传统文化教育为例，其总体目标是帮助学生了解中华优秀传统文化的基本精神和思想内涵，传承中华文化基因，坚定文化自信。基于这一总目标，教师可以设计出一个学期的教学目标，如引导学生掌握中华传统文化的发展脉络、代表人物和经典篇章，感悟中华文化的独特魅力，增强民族自豪感和自信心等。在此基础上，再根据教材内容设置单元目标，如通过学习《论语》《孟子》等儒家经典，理解仁、义、礼、智、信等核心价值理念；通过了解唐诗宋词元曲，体会中华文学的巅峰之作；通过探究传统节日习俗，感受中华文化的生生不息、代代相传。而具体到每一堂课，教师还要设计课时目标，激发学生兴趣，引导其主动探究，掌握重点知识，形成关键能力。

二、课程内容的选择与组织

（一）内容选择标准

课程内容选择对于中华优秀传统文化教育的教材和课程建设具有关键意义。

面对浩如烟海的传统文化资源，教育工作者必须建立科学合理的内容选择标准，以确保教学内容的针对性、系统性和时代性。

教学内容选择的首要标准是思想性。中华优秀传统文化蕴含着丰富的思想智慧和道德理念，如天人合一、以和为贵、诚信友善、自强不息等，对于引导学生形成正确的世界观、人生观、价值观具有重要意义。因此，教学内容的选择应突出思想内涵，引导学生在学习传统知识技能的同时，领悟其中所蕴含的深刻哲理，内化为自身修养和行为准则。教师应重点选择那些体现中华民族精神特质、彰显儒释道等传统思想精华的典籍篇章、历史故事、人物事迹等，帮助学生厘清中华文化的主脉。

教学内容选择应兼顾知识的广度和深度。中华文明源远流长、博大精深，涵盖经史子集、诸子百家等诸多门类。教材和课程建设不可能面面俱到，必须进行适当的取舍。一方面，教学内容应涵盖传统文化的各个方面，如哲学思想、文学艺术、历史制度、科技成就、生活方式等，以展现中华文明的多元一体、纵横交融的特点；另一方面，对于每一专题，教师又要适度深入，选择最具代表性、影响力的篇章典故，引导学生进行深入细致的研读品鉴。这种广博与精深相结合的内容设置，有助于学生系统把握中华文化的博大精深，又能透过经典篇章领会其精髓要义。

教学内容选择应体现鲜明的时代性和问题意识。在当今世界文化多元交融的大背景下，中华优秀传统文化教育要立足现实，回应时代，彰显民族文化的时代价值。教师应重点选择那些能够回应当代社会热点问题、具有现实针对性的教学内容，引导学生运用传统智慧分析和解决现实问题。例如，在谈到人与自然的关系时，可选择“天人合一”“道法自然”等思想内容，启发学生反思当前的生态环境问题；在阐述社会伦理道德时，可选择“仁爱”“礼让”“诚信”等传统美德，引导学生加强道德修养，践行社会主义核心价值观。唯有紧扣时代脉搏，才能彰显传统文化的现实意义，提升学生的文化自信。

教学内容选择应凸显中华文化的审美价值。中华传统文化不仅富含思想内涵，更具有极高的艺术性和审美价值。诗词歌赋的意境美、书法绘画的线条美、戏曲舞蹈的韵律美，都是中华文化的瑰丽篇章。在教学内容选择时，教师应重点选择那些艺术性较强、形象生动的作品，如诗经楚辞、唐诗宋词、昆曲戏剧等，引导学生在鉴赏过程中感悟中华文化之美，提升文化审美情趣。同时，教师还可适当选取不同艺术门类的经典作品进行比较鉴赏，帮助学生领会中华艺术的共性特征，如意境美、韵律美、简约美等，加深对传统审美精神的理解。

教学内容选择还应兼顾可教性和可读性。教材和课程建设的根本目的是为教学服务，因此所选内容必须适合课堂教学和学生自学。一方面，选文要适合学生的认知水平，难度要适中，避免过于艰涩难懂；另一方面，教材语言要生动流畅，内容要富有吸引力和感染力。对于文言文等较难理解的篇章，教师可进行适度改编，减少生僻字词，简化复杂句式，降低学习难度。同时，适当选择一些富有趣味性、故事性的素材，如寓言故事、人物逸事等，可以激发学生的阅读兴趣，调动其学习积极性。

（二）内容组织原则

在中华优秀传统文化教育的教材和课程建设过程中，内容的选择与组织是一个关键环节。它直接决定着课程的质量和教学的成效。为了更好地实现中华优秀传统文化教育的目标，必须遵循一定的内容组织原则，确保所选内容符合学生的认知特点，契合当前的时代需求，体现中华文化的核心精髓。

内容组织应坚持系统性原则。中华优秀传统文化博大精深，涵盖了哲学、文学、艺术、科技等多个领域。在进行内容选择时，要注重各学科之间的联系，突出中华文化的整体性和系统性。通过合理安排不同学科的教学内容，帮助学生构建起完整的中华文化知识体系，深入理解中华文化的内在逻辑和发展脉络。同时，还要注意挖掘不同学科中所蕴含的中华文化基因，引导学生领悟中华文化的共性特征，如崇尚和谐、重视伦理、追求大同等，增强学生对中华文化整体性的认识。

内容组织应体现递进性原则。中华优秀传统文化教育是一个循序渐进的过程，需要根据学生的年龄特点和认知水平，有针对性地设计教学内容。在初等教育阶段，可以选取一些浅显易懂、生动有趣的故事、寓言等作为切入点，激发学生的学习兴趣，培养其爱国情怀和文化自信。随着学生年龄的增长和认知能力的提高，要逐步加大教学内容的深度和难度，引导学生探究中华文化的深层内涵，思考其现实意义。高等教育阶段则要更加注重中华优秀传统文化的学理性研究，鼓励学生运用现代科学方法分析、阐释传统文化，推动中华优秀传统文化的创造性转化和创新性发展。

内容组织应遵循育人性原则。中华优秀传统文化教育的根本目的是立德树人，培养学生的综合素质和人格品性。因此，在内容选择时，要突出中华文化中蕴含的道德教化功能，重点选取体现中华民族传统美德的典型事例，如“孟母三迁”体现的教子有方、“精忠报国”彰显的家国情怀等，引导学生感悟中华文化的道德内核，内化为自身的价值追求和行为准则。同时，还要注重发掘中华传统文化中的人文精神，如“天人合一”的生态智慧、“以和为贵”的处世哲学等，帮助学生形成正确的世界观、人生观和价值观，促进其身心全面发展。

内容组织还应体现时代性原则。中华优秀传统文化绵延数千年，其中不乏对当今社会具有借鉴意义的思想理念和行为范式。在内容选择时，要立足当前国情，紧扣时代脉搏，重点选取与现实生活密切相关、对解决现实问题具有指导意义的文化内容。如在“一带一路”倡议背景下，可以重点介绍体现中华民族海纳百川、兼容并蓄的文化基因，彰显我国和平合作、开放包容的大国形象。唯有与时俱进地解读和阐发中华优秀传统文化，才能彰显其永不褪色的时代光芒。

三、教学方法的创新与应用

（一）创新教学法

创新教学法是推动高等教育改革、提升人才培养质量的关键举措。随着知识经济时代的到来，社会对创新型人才的需求日益迫切。高校作为培养创新人才的主阵地，必须积极探索新的教学模式和方法，激发学生的创新潜能，培养其批判性思维和实践能力。

翻转课堂是创新教学法的重要探索。与传统的“以教师为中心”的教学模式不同，翻转课堂强调“以学生为中心”，鼓励学生在课前通过在线学习平台自主学习理论知识，而将课堂时间用于师生互动、协作探究和问题解决。这种教学模式充分尊重学生的个体差异，满足其个性化学习需求。同时，教师从“知识传授者”转变为“学习引导者”，通过设计探究性问题、组织小组讨论等方式，引导学生深入思考，积极参与，从而提高学习效率。

项目式学习是另一种富有成效的创新教学法。项目式学习以真实的项目或问题为载体，引导学生运用所学知识，通过小组协作完成项目任务或解决问题。在项目式学习中，学生是知识的主动建构者。他们需要收集资料、设计方案、动手实践、总结反思，在“做中学”的过程中，不断提升分析问题、解决问题的能力。这种教学法不仅能够促进理论与实践的结合，还能培养学生的团队协作精神和创新意识。

创新教学法的实施离不开现代信息技术的支持。随着人工智能、虚拟现实等技术的发展，智慧教室、虚拟仿真实验室等新型教学场景不断涌现。教师可以利用这些技术手段，为学生提供沉浸式、交互式的学习体验，激发其学习兴趣和探究欲望。同时，大数据分析技术的应用，也为教学效果评估和个性化教学提供了新的可能。教师可以根据学生的学习行为数据，及时调整教学策略，因材施教。

（二）多元化教学手段

创新教学方法是提高教学质量、激发学生学习热情的重要途径。在中华优秀传统文化教育中，教师不仅要传授知识，更要注重学生文化素养的提升和价值观的塑造。为了实现这一目标，教师需要突破传统的灌输式教学模式，积极探索多元化的教学手段。

情境教学法是一种行之有效的创新教学方法。情境教学法强调在教学过程中营造与教学内容相符的情境，引导学生在具体情境中感悟和理解传统文化的内涵。例如，在讲授《诗经》时，教师可以播放古琴曲，营造古朴典雅的氛围；在讲解《孙子兵法》时，可以组织学生进行兵棋推演，让其在实践中领会兵法要义。通过情境教学，学生能够身临其境地感受传统文化的魅力，加深对知识点的理解和记忆。

讨论式教学是一种值得推广的创新教学方法。在讨论式教学中，教师不再是知识的权威，而是充当组织者和引导者的角色。教师提出富有思考价值的话题，鼓励学生畅所欲言，表达自己的观点。在平等、开放的讨论氛围中，学生能够积极思考，相互启发，逐步构建起自己的知识体系。讨论式教学有利于培养学生的批判性思维和表达能力，使其成为学习的主人。

探究式教学是培养学生自主学习能力的重要方式。在探究式教学中，教师设置开放性的问题情境，引导学生自主探索和发现。例如，在学习《周易》时，教师可以让学生自行收集相关资料，探究《周易》的起源、发展和思想内涵。在探究过程中，学生需要提出假设，收集证据，得出结论，从而掌握科学探究的基本方法。探究式教学能够激发学生的好奇心和求知欲，培养其自主学习和终身学习的能力。

案例教学是一种行之有效的创新教学方法。案例教学是指教师精心选取典型案例，引导学生分析人物言行，评判是非曲直，从而加深对传统美德的理解。例如，在讲授“忠”的思想时，教师可以引入岳飞、文天祥等历史人物的事迹，着重分析他们“致君尧舜上，再使风俗淳”的爱国情怀和民族气节，引导学生思考作为当代青年应如何传承和弘扬这种精神。案例教学能够增强课程的感染力和说服力，帮助学生将抽象的道德原则内化为具体的行为准则。

艺术融入教学为中华优秀传统文化教育增添了亮丽的色彩。教师可以充分利用诗歌、音乐、书法、绘画等艺术形式，创设良好的教学情境，丰富教学内容，提升学生的审美情趣和人文素养。例如，在讲授先秦诸子的人生智慧时，教师可以引入相关的古诗词，如《诗经》《楚辞》等，引导学生在优美的诗句中感悟人生哲理。又如，在讲解书法艺术时，教师可以播放名家的书法创作视频，分析其笔法特点，引导学生在临摹实践中体会书法之美。艺术融入教学能够活跃课堂氛围，调动学生的多种感官，使其在潜移默化中接受传统文化的熏陶。

现代信息技术为创新传统文化教学手段提供了广阔空间。教师应积极利用多媒体、虚拟现实、慕课等技术手段，为学生营造沉浸式的学习体验。例如，教师可以利用多媒体动画生动展示《西游记》中的神魔世界，利用虚拟现实技术让学生“穿越”到司马迁著述《史记》的场景中，利用慕课平台为学生提供在线学习资源。现代信息技术与传统文化教学的深度融合，不仅能够激发学生的学习兴趣，还能拓宽其知识视野，培养其文化自信。

（三）技术辅助教学

技术辅助教学是现代教育改革的重要内容，它充分利用信息技术手段，创新教学模式，优化教学过程，提升教学效果。在中华优秀传统文化教育中，技术辅助教学发挥着日益重要的作用，为传承和弘扬中华文化注入了新的活力。

多媒体教学是技术辅助教学的重要形式之一。通过声音、图像、视频等多种媒体的综合运用，多媒体教学能够将抽象的文化知识直观化、形象化，激发学生的学习兴趣，加深其对文化内涵的理解和体悟。例如，在讲授中国传统诗词时，教师可以利用多媒体展示优美的朗诵配乐，渲染诗词意境；在讲解传统艺术时，教师可以播放相关表演视频，让学生身临其境地感受艺术魅力。多媒体教学打破了传统教学的时空限制，极大地丰富了教学内容和形式。

网络教学平台是技术辅助教学的一个重要载体。依托互联网技术，网络教学平台构建起开放、共享、交互的教学新生态，为中华优秀传统文化教育插上了腾飞的翅膀。学生可以通过网络平台随时随地访问海量的文化资源，开展自主学习和探究；教师可以利用平台发布教学任务，组织在线讨论，实现师生、生生之间的充分交流互动。网络教学平台延伸了课堂教学的时空，拓宽了文化传承的途径，使得中华优秀传统文化教育更加便捷、高效。

虚拟现实技术在中华优秀传统文化教育中也得到了创新性应用。利用虚拟现实技术，可以将历史场景、文化遗址等数字化重建，使学生身临其境地体验传统文化的独特魅力。例如，学生可以虚拟漫游故宫，近距离欣赏宫殿建筑和珍贵文物；可以沉浸式体验传统工艺制作过程，感受传统匠人的精湛技艺。虚拟现实技术打破了时空界限，让学生在身临其境的体验中感悟传统文化的博大精深，增强了文化学习的沉浸感和获得感。

在推进技术辅助教学的过程中，要注重技术与教育的深度融合，避免只注重技术手段而忽视教育内涵。教师要发挥主导作用，科学设计教学活动，引导学生利用技术手段开展深度学习。同时，要加强学生的信息素养教育，提高其利用技术进行自主学习、合作探究的能力。只有实现技术与教育的协调发展，才能真正发挥技术辅助教学的优势，提升中华优秀传统文化教育的质量和效果。

四、课程资源的整合与利用

（一）资源整合策略

资源整合是教材和课程建设过程中不可或缺的关键环节。中华优秀传统文化蕴含着丰富的教育资源，如何有效整合和利用这些资源，是推进传统文化教育的重要课题。在资源整合过程中，需要遵循一定的策略和原则，才能最大限度地发挥资源的效用，实现教学目标。

系统性是资源整合的首要原则。中华优秀传统文化博大精深，内容庞杂，若想将其有效转化为教学资源，就必须进行系统梳理和科学规划。这就要求在整合资源时，要立足传统文化的整体框架，把握其内在逻辑，将零散的文化元素纳入统一的知识体系。只有建立起完整、系统的资源库，才能为教材编写和课程设计提供坚实基础。同时，资源整合还要注重不同学科、不同领域的交叉融合。传统文化与语文、历史、艺术等多个学科都有着天然的联系，跨学科的资源整合能够拓宽学生的知识视野，加深其对传统文化的理解和感悟。

选择性是资源整合过程中需要把握的另一原则。海量的传统文化资源并非都适合引入课堂教学，有些内容可能与教学目标不够契合，有些则可能超出了学生的认知水平。因此，在资源整合过程中，教师要发挥主导作用，根据教学需求和学情特点，有选择地吸收传统文化养分。对于入选教材的资源，还要进一步筛选和加工，使其更加符合教学实际和学生需求。比如，教师可以选取蕴含着道德理念、人文精神的经典篇章，对学生进行价值观教育；也可以择取富有哲理、发人深省的历史故事，培养学生的思辨能力和批判性思维。总之，资源选择要服务于立德树人的根本任务，切合学生成长发展的需要。

创新性是资源整合不可忽视的重要原则。在传统文化教育中，既要忠实于历史，又要立足当下，用现代教育理念和方式激活传统文化的当代价值。这就要求教师在整合资源的过程中，要积极推陈出新，创造性地改造和利用传统文化资源。比如，教师可以将传统经典与现实生活相联系，引导学生思考传统智慧对于解决现实问题的启示意义；又如，教师可以运用现代信息技术手段，将文字资源转化为声音、图像、视频等多媒体形式，提高教学的趣味性和感染力。唯有不断创新资源的呈现方式和利用路径，才能焕发传统文化的时代光彩，提升传统文化教育的针对性和实效性。

资源共享是整合过程中应该坚持的基本策略。中华优秀传统文化是全民族的精神财富，传统文化教育也是全社会的共同责任。因此，传统文化资源不应被个别学校或教师垄断，而应实现跨校际、跨地域的共建共享。各地学校可以围绕教材和课程建设，成立资源整合团队，集思广益，形成优质资源库。教育主管部门也应搭建资源共享平台，促进优质资源的流通与辐射。通过校校协作、区域联动，可以最大限度地发挥资源的使用效益，促进优质资源的集聚与再生。资源共享不仅能够扩大资源利用的覆盖面，还能形成教师之间相互学习、相互借鉴的良好氛围，有利于教学水平的整体提升。

（二）资源利用效率

资源利用效率是衡量中华优秀传统文化教育教材与课程建设成效的重要标准。在教学实践中，充分利用各类资源，不仅能够丰富教学内容，创新教学形式，还能够提高教学质量，实现教学目标。但是，资源利用的前提是进行科学整合，建立资源共享机制，提高资源利用效率。这就需要在教材编写和课程设计过程中，立足资源整合的视角，深入分析资源利用的内在规律，探索资源利用效率提升的有效路径。

资源整合是提高资源利用效率的基础。中华优秀传统文化蕴含着丰富的教育资源，如传统节日、民间故事、历史典故等。然而，这些资源往往分散在不同的载体中，缺乏系统性和关联性。因此，教材编写者需要深入挖掘传统文化资源，厘清资源间的内在联系，形成结构合理、逻辑清晰的资源整合框架。在此基础上，还要遵循教育教学规律，结合学生认知特点，对整合后的资源进行二次加工，转化为适合教学的素材和活动。只有通过系统整合，才能最大限度地发挥传统文化资源的教育价值，提高资源利用效率。

建立资源共享机制是提升资源利用效率的保障。传统的教育资源往往掌握在少数人手中，没有形成有效的共享机制，导致大量优质资源闲置浪费。为了破解这一难题，要积极推进校际合作、区域联动，搭建资源共享平台，实现优质资源的共建共享。通过整合校内外、区域内外的教育资源，教师可以拥有更加丰富的教学素材，学生也能接触到更加多元的学习内容。同时，资源共享还有利于促进教学交流，推动教学创新，形成优势互补、互利共赢的教学生态。因此，建立健全资源共享机制，是提高资源利用效率的重要保证。

创新资源利用方式是提高资源利用效率的关键。传统的资源利用方式较为单一，主要以教师讲授为主，学生被动接受为辅。这种方式既难以调动学生学习的主动性，也无法充分发挥教育资源的价值。因此，教师要积极创新资源利用方式，探索多元化、互动式的教学模式。比如，教师可以利用信息技术手段，将优秀传统文化资源数字化、生动化，设计出沉浸式的学习体验；又如，教师可以组织学生开展传统文化实践活动，引导其在参与中感悟传统文化的魅力。这些创新的资源利用方式，不仅能够增强课堂教学的吸引力，还能够帮助学生构建起完整的知识体系，内化传统文化的精髓。可以说，创新资源利用方式，是提高资源利用效率的必由之路。

第三节　线上课程资源的开发与利用

一、线上课程资源的类型与特点

（一）视频课程

视频课程作为线上教学的重要载体，在中华优秀传统文化教育中发挥着不可替代的作用。它利用视听媒体的独特优势，通过生动形象的画面、声音和文字，为学生呈现丰富多彩的传统文化内容，使其沉浸式地感受中华文明的博大精深。与文本资料相比，视频课程能够更直观、更立体地再现历史场景，让学生身临其境地体验先贤的生活与智慧，从而加深对传统文化的理解和认同。

从知识传授的角度来看，视频课程有助于系统、全面地展现中华优秀传统文化的内涵。通过精心策划和制作，教师可以将传统文化的方方面面，如文学、艺术、哲学、科技等，有机融入视频课程。学生在观看视频的过程中，能够接触到不同时期、不同领域的文化瑰宝，领略传统文化的深邃思想和璀璨成就。同时，视频课程还可以通过专家讲解、案例分析等方式，帮助学生梳理传统文化知识体系，建立起完整、系统的文化认知结构。这不仅有利于学生夯实文化基础，更能激发其探索传统文化的兴趣和热情。

从能力培养的角度来看，视频课程是锻炼学生文化实践能力的重要平台。在视频中，教师可以设置各种实践任务和思考问题，引导学生运用所学知识分析现实问题，提出自己的见解。例如，教师可以在视频中展示传统手工艺的制作过程，并鼓励学生动手实践；又如，教师可以用视频讲述历史故事，并发问学生从中汲取了哪些智慧和启示。通过理论与实践的结合，学生不仅能够加深对传统文化的领悟，更能提高运用传统文化解决问题的能力。由此可见，视频课程在培养学生文化素养、实践能力等方面大有可为。

从情感态度的角度来看，视频课程对于塑造学生的家国情怀、人文精神具有重要意义。优秀的传统文化视频不仅传递知识，更蕴含着深厚的情感。通过讲述家国兴衰的历史、描绘先贤的精神境界，视频课程能够唤起学生的民族自豪感和使命感，激励其继承和发扬中华民族的优秀传统。同时，视频中展现的传统美德，如仁爱、谦恭、诚信等，也能感染学生，引导其形成正确的价值取向。可以说，视频课程在潜移默化中影响着学生的情感和品格，为其成长为有理想、有担当的时代新人奠定了基础。

（二）互动课程

互动课程作为线上课程资源的重要组成部分，在提升中华优秀传统文化教育的教学质量、激发学生学习兴趣方面发挥着不可替代的作用。与传统的视频课程相比，互动课程更加注重学生的参与和体验，通过设计丰富多样的互动元素，营造身临其境的学习情境，使学生成为学习过程的主角。这种沉浸式、交互式的学习方式不仅能够加深学生对传统文化知识的理解和内化，更能培养其文化自信和价值认同。

从课程内容设计的角度来看，优秀的互动课程应该具有鲜明的文化底蕴和时代特色。一方面，互动课程要立足中华优秀传统文化的精髓，如儒家的“仁、义、礼、智、信”和道家的“天人合一”等，挖掘其中蕴含的智慧和价值，引导学生思考传统文化在当代社会的意义和应用；另一方面，互动课程又要紧跟时代发展的步伐，将传统文化与现实生活相结合，探讨传统文化在不同领域、不同场景中的创新表达和传承发展。

从互动设计的角度来看，优秀的互动课程应该充分利用信息技术的优势，为学生提供丰富多元的参与方式。例如，可以设置情境模拟互动，让学生在虚拟场景中体验传统文化的魅力；可以开发角色扮演游戏，引导学生在对话和决策中感悟传统美德的内涵；可以融入协作探究任务，鼓励学生在小组合作中分享见解、碰撞思想。这些互动设计不仅能够调动学生的多感官参与，提高其学习兴趣和专注度，更能锻炼其批判性思维、创新思维等关键能力，使其在潜移默化中内化传统文化的精髓。

互动课程的评价反馈机制也至关重要。优秀的互动课程应该建立即时、个性化的评价反馈体系，针对学生在课程学习中的表现给予及时的指导和鼓励。这种评价不仅应包括对知识掌握程度的考查，更应该关注学生在情感态度、价值观念等方面的变化和提升。只有通过科学、多元的评价，才能真正把握学生的学习需求，为其提供更加精准、有效的学习支持，帮助其形成正确的文化价值取向。

（三）自主学习资源

自主学习资源在线上课程中扮演着至关重要的角色，它为学生提供了灵活、个性化的学习途径，满足了不同学生的多样化需求。与传统的线下教学相比，自主学习资源具有诸多优势。它打破了时空限制，学生可以随时随地访问学习资料，根据自己的学习进度和节奏安排学习计划。这种自主性和灵活性极大地激发了学生的内在动机，提高了学习效率。自主学习资源的形式多样，包括文本、图片、音频、视频、动画等，能够满足不同学生的认知风格和偏好，提供身临其境的学习体验。再者，自主学习资源往往采用模块化的设计，将课程内容划分为若干相对独立又相互关联的单元，便于学生进行有针对性的学习和复习巩固。学生可以根据自己的基础和需求，选择性地学习某些模块，实现个性化、定制化的学习。

然而，自主学习资源在发挥优势的同时，也面临着一些挑战。由于缺乏教师的直接指导和监督，部分学生可能难以保持学习动力，出现学习进度缓慢、半途而废等问题。因此，在设计自主学习资源时，需要融入一定的督促和反馈机制，如学习任务提醒、学习进度跟踪、阶段性测评等，帮助学生规划学习路径，调整学习策略。同时，还应创设良好的学习氛围，通过社交化互动、经验分享等方式，增强学生的参与感和归属感。

高质量的自主学习资源离不开扎实的学科内容和精心的教学设计。资源开发者需要深入分析课程目标和重难点，合理选取和组织教学内容，转化为适合自主学习的形式。在教学设计上，要遵循学习规律，充分考虑学生的认知特点和学习需求，设计科学、合理的学习活动和任务。例如，可以设置探究性问题，引导学生主动思考、查阅资料，培养其自主学习能力；可以提供实践操作的机会，让学生在动手实践中加深对知识的理解和掌握。

二、线上课程资源的设计与制作

（一）课程内容规划

课程内容规划是线上中华优秀传统文化课程资源建设的核心环节。在制订课程内容规划时，首要任务是明确教学目标和教学定位。中华优秀传统文化博大精深，内容庞杂，如何从浩瀚的文化宝库中选取最具代表性、最能体现民族智慧结晶的精华内容，是课程建设者需要审慎思考和把握的关键问题。要深入挖掘中华传统文化的时代价值和教育意义，结合教学对象的认知特点和接受能力，合理确定课程的广度和深度。

基于科学的课程内容规划，还需要构建系统完整的知识体系。中华优秀传统文化涉及哲学、文学、艺术、科技等多个领域，各领域之间又相互交融、彼此贯通。因此，在设计课程内容时，应该打破学科界限，整合不同领域的文化内容，帮助学生构建起宏观的文化视野和系统的知识结构。同时，课程内容的编排也要遵循教育教学规律，既要注重知识点之间的内在逻辑关系，又要兼顾不同教学单元之间的递进与衔接。只有形成科学合理的课程内容框架，才能最大限度地发挥传统文化的育人功能。

优质的线上课程内容规划还应充分利用信息技术优势，创新教学内容的呈现方式。与传统的面授课堂相比，线上课程在教学媒介、学习方式上有着显著不同。因此，课程建设者要主动适应线上教学特点，遵循信息化教学规律，依托多媒体、人工智能等现代技术手段，将传统文化内容数字化、生动化、互动化，激发学生的兴趣，提高课程的吸引力和感染力。同时，课程内容的呈现也要突出重点、化繁为简，帮助学生快速理解和掌握知识要点，变“延展性学习”为“精准性学习”。

（二）多媒体素材制作

多媒体素材是线上课程资源的重要组成部分，其质量直接影响着教学效果和学习体验。在中华优秀传统文化教育的线上课程建设中，科学合理地制作多媒体素材显得尤为重要。制作多媒体素材需要遵循一定的原则和方法，以确保素材内容的准确性、针对性和吸引力。

多媒体素材的制作要以教学内容为依归，紧扣课程主题和教学目标。教师应深入分析课程内容，梳理出关键知识点和重难点，并围绕这些内容设计多媒体素材。素材的形式可以多种多样，如图片、音频、视频、动画等，但其内容必须与教学内容相匹配，起到深化理解、促进吸收的作用。同时，素材的呈现方式要符合学生的认知特点和接受习惯，避免过于抽象或晦涩难懂。

多媒体素材的制作要体现中华优秀传统文化的特色和内涵。作为传统文化教育的重要载体，线上课程肩负着传承和弘扬民族文化的重任。因此，在多媒体素材的选择和制作过程中，要充分挖掘中华传统文化的精髓，展现其博大精深、源远流长的特点。例如，在制作与诗词相关的素材时，可以选取经典诗句，配以优美的朗诵和意境优雅的图片，使学生在感官体验中领略诗词之美；在制作与国学经典相关的素材时，可以穿插名家点评和故事情节，引导学生品味经典、感悟智慧。

多媒体素材的制作要注重互动性和参与性的设计。素材不应是单向度地向学生灌输知识，而应鼓励学生主动参与、积极思考。为此，教师可以在素材中设置问题情境、思考题或讨论话题，引导学生运用所学知识分析问题、阐述观点。同时，素材的呈现方式要具有吸引力和感染力，激发学生的学习兴趣。例如，可以利用游戏化设计，将知识点融入情境化的游戏任务中；可以穿插名家访谈、经典剧目等，增强素材的趣味性和代入感。

多媒体素材的制作要遵循技术规范，确保质量和适用性。素材的格式、分辨率、音质等技术指标要符合线上课程平台的要求，便于上传、存储和传输。同时，素材的版权问题也要引起重视。教师应尽量选用自制素材或正版授权素材，避免因侵权而产生纠纷。对于引用的素材，要注明出处，尊重他人的知识产权。

（三）用户界面设计

用户界面设计是线上课程资源开发中至关重要的一环。它直接影响学生的使用体验，进而影响学习效果和学习动机。在中华优秀传统文化教育的线上课程中，用户界面设计应体现出鲜明的文化特色，营造沉浸式的学习氛围，激发学生的文化认同感和民族自豪感。同时，界面设计还要遵循科学合理的交互原则，提供清晰、便捷、高效的学习路径，最大限度地降低学生的认知负荷。

具体而言，在视觉设计方面，课程界面应大量采用中国传统元素，如山水画、书法、印章等，营造古朴雅致的东方美学意境。色彩搭配上宜选用低饱和度的中性色调，如米色、灰色等，再辅以红色、金色等亮色进行点缀，既凸显传统韵味，又不失时尚活力。版式布局则要讲究对称、均衡，体现中庸之道的哲学理念。字体选择应避免过于花哨的艺术字体，以楷书、宋体等传统字体为主，彰显庄重典雅的文化品位。

在交互设计方面，课程界面应力求简约明了，功能布局一目了然。导航栏设置应符合学生的认知习惯，采用扁平化设计风格，减少多余的装饰性元素。重要信息可通过放大、加粗等方式进行视觉突出，引导学生快速定位。在具体学习页面，宜将视频、音频、图文等多媒体资源有机整合，避免过度切换，保证学习过程的连贯性和沉浸感。同时，插入适当的交互元素，如弹幕、问答、测验等，调动学生的参与热情。

移动端界面设计应适应小屏阅读的特点，采用更加简洁的布局，突出重点内容。针对网络条件不稳定的情况，可提供离线缓存功能，确保学习不受影响。而对于视力障碍、听力障碍等特殊群体，则要提供无障碍设计，如字幕、手语视频、语音朗读等，体现教育的包容性和公平性。

用户界面设计的最终目的是为学习内容服务，切忌本末倒置。设计师要深入了解课程的教学目标、教学内容、教学策略，将界面设计与教学设计紧密结合，形成协同效应。要站在学生的角度去思考每一个设计细节，时刻以用户体验为中心，不断迭代优化。只有如此，才能真正实现界面设计与课程内容的完美融合，为学生营造身临其境的文化体验，激发其主动探究中华优秀传统文化的热情。

三、线上课程资源的整合与应用

（一）资源整合策略

资源整合是推进线上课程建设的关键环节之一。随着信息技术的迅猛发展和教育理念的不断更新，单一的资源呈现方式已经难以满足学习者多样化、个性化的需求。因此，科学整合各类教学资源，构建内容丰富、形式多样、结构合理的资源体系，已经成为提升线上课程教学质量的重要举措。

系统梳理课程资源关系是资源整合的基础。线上课程所涉及的教学资源类型繁多，包括文本、图片、音频、视频、动画等，不同类型资源之间又存在着错综复杂的逻辑关系。如果教师不能在整合过程中有效梳理这些关系，学生就难以建立起完整、系统的知识架构，更谈不上灵活运用和举一反三。因此，教师应在资源整合之初深入分析课程内容，厘清各章节、各知识点之间的内在联系，构建起科学、合理的资源组织结构。在此基础上，教师还应该充分考虑学生的认知特点，合理安排资源呈现的顺序和节奏，引导学生主动建构知识体系，提高学习效率。只有这样，学生才能真正掌握课程的核心内容，形成完整、系统的学科思维方式。

注重资源的多样性和交互性是提升线上课程吸引力的有效途径。单一、静态的资源很难调动学生的兴趣，引发其深度思考。为了突破这一局限，教师应积极探索多样化的资源呈现方式，将文本、图片、音视频、动画等有机结合，创设生动、立体、互动的学习情境。例如，教师可以利用信息化手段开发交互式的教学课件，通过任务驱动、情境创设等方式引导学生主动探究知识；又如，教师可以充分利用网络平台的优势，组织在线讨论、协作学习等活动，促进学生之间的交流互动。这些做法不仅能够激发学生的学习动机，调动其主动性和创造性，更能促进其批判性思维、创新能力等高阶思维技能的养成。

精准把握资源适配性是保障线上课程教学质量的必由之路。任何教学资源的选择和呈现都应以教学目标为导向，以学生为中心。换言之，资源整合不能盲目追求形式的新颖和内容的博大精深，而应根据课程定位、学情分析等因素，有的放矢地遴选、组织教学资源。资源难易程度要与学生的认知基础相匹配，资源呈现方式要与学生的学习风格相契合，资源内容要与学生的兴趣爱好相吻合。只有做到因材施教、因需施教，才能真正激发学生的内在动力，实现教学相长。当然，资源适配性的把握也非一蹴而就，教师还应在教学实践中持续跟踪学情，依据学生的反馈动态调整资源配置，优化教学方案，以期达到事半功倍的教学效果。

（二）教学平台选择

教学平台的选择是线上课程资源建设的关键环节之一。一个优秀的教学平台应该具备功能全面、界面友好、交互便捷等特点，能够为教师的教学和学生的学习提供强有力的支持。在中华优秀传统文化教育领域，选择合适的教学平台对于传承民族文化、弘扬传统美德具有重要意义。

从功能角度来看，理想的教学平台应该集成多种教学工具和资源，满足教师多样化的教学需求。平台应提供丰富的课程管理功能，如课程发布、学生管理、作业布置等，便于教师系统地组织教学活动。平台应支持多种类型的教学资源上传和呈现，如文档、图片、音视频等，为教师创设情境、生成案例提供便利。平台应具备互动交流功能，如在线讨论、实时问答等，激发学生参与热情，加强师生互动。此外，平台还应提供数据分析功能，帮助教师掌握学情，改进教学。

从用户体验角度来看，优秀的教学平台应该界面清晰、操作简单，降低教师和学生的使用门槛。一方面，平台应采用直观的界面设计，功能布局合理，符合用户使用习惯；另一方面，平台应提供完善的使用指南和培训支持，帮助用户快速掌握平台功能，解决使用过程中遇到的问题。同时，平台还应注重交互设计，提供流畅、便捷的操作方式，减少不必要的学习成本。此外，平台应具备良好的兼容性和稳定性，确保多终端、多场景下的正常访问。

从教学需求角度来看，中华优秀传统文化教育对教学平台提出了特殊要求。一方面，平台应为传统文化素材的呈现提供多样化的展示方式。例如，平台可以嵌入虚拟场景、动画演示等交互式元素，生动再现传统文化场景；又如，平台可以提供主题探究、情境体验等教学模板，引导学生沉浸式地感悟传统文化魅力。另一方面，平台应促进传统文化资源的共建共享。可以设置资源上传、审核、推荐等机制，鼓励教师利用平台分享优质教学资源；同时，建立跨区域、跨学校的教师社区，促进教学经验交流，优化资源配置。

（三）学习路径设计

中华优秀传统文化教育的线上课程资源学习路径设计是一个综合性的过程，它旨在通过科学合理的设计，帮助学生全面、深入地了解和掌握中华优秀传统文化的精髓。

明确学习的总体目标，即帮助学生了解中华优秀传统文化的历史渊源、核心思想、价值观念等，并掌握一定的传统文化知识和技能。同时，根据学生的年龄、认知水平、学习兴趣等因素，进行精准的学生定位，以设计适合不同群体的个性化学习路径。

在构建学习资源方面，要充分利用线上平台的优势，提供多元化的学习资源。这包括高质量的视频课程，涵盖传统文化的各个方面，如文学、历史、哲学、艺术、民俗等，并以生动直观的方式呈现给学生。此外，还提供与课程配套的电子书籍、古籍文献等资源，供学生深入阅读和研究。同时，利用在线论坛、问答社区、社交媒体等互动工具，为学生提供交流讨论的平台，促进他们之间的深层交流和学习共同体的形成。

在学习路径的设计上，应注重分阶段、模块化教学。将学习过程划分为不同的阶段，每个阶段设定明确的学习目标和任务，以确保学生能够循序渐进地掌握所学知识。同时，将课程内容划分为多个模块，每个模块围绕一个或多个主题展开，学生可以根据自己的兴趣和需求选择学习模块，实现个性化学习。此外，还可以利用智能算法和数据分析技术，根据学生的学习进度和表现调整学习内容和难度，实现自适应学习，以保持学生的学习兴趣和动力。

为了强化实践与应用，可设计多种实践活动。通过具体的案例分析，引导学生将所学知识应用于实际情境中，加深对传统文化的理解和认识。同时，组织线上或线下的实践活动，如经典诵读、书法练习、民俗体验等，让学生在实践中感受传统文化的魅力。此外，鼓励学生运用所学传统文化知识进行创新创作，如诗词创作、手工艺制作等，以培养他们的创新能力和文化素养。

在学习路径的设计中，还注重评估与反馈机制的建立。通过在线测试、作业提交、项目展示等方式对学生的学习成果进行评估，了解他们的学习情况和存在的问题。同时，建立有效的反馈机制，及时为学生提供学习建议和指导。鼓励学生之间互相评价和交流心得，促进共同进步。

四、线上课程资源的管理与维护

（一）资源更新机制

资源更新机制是线上课程资源建设的重要组成部分，对于保证教学内容的时效性和针对性具有关键作用。在中华优秀传统文化教育领域，及时更新课程资源显得尤为重要。传统文化博大精深，内容丰富多样，同时也在不断继承创新、与时俱进。因此，教师必须紧跟学科前沿动态，根据最新研究成果和社会发展需求，动态调整教学内容，充实课程资源。这不仅有利于拓宽学生的知识视野，激发其学习兴趣，更能培养学生探索未知、开拓创新的能力。

具体而言，教师应建立起完善的资源更新机制，定期审视现有课程内容，识别其中的不足之处。对于落后过时的观点、案例，要及时淘汰或更新；对于难点疑点，要深入挖掘、系统梳理，提供更加清晰、准确的解读；对于前沿领域的最新进展，要积极吸收、适当补充，拓展课程的深度和广度。在更新资源的过程中，教师还应充分利用现代信息技术手段，提高资源的呈现质量和传播效率。例如，通过制作微课、动画、虚拟仿真等多媒体课件，可以直观生动地展示传统文化的魅力，提升教学内容的感染力和吸引力；又如，利用在线学习平台、移动 App 等载体，可以实现优质资源的共建共享，扩大课程的辐射面和影响力。

资源更新固然重要，但也要注意把握适度、讲究策略。盲目追求新颖而忽视基础，频繁变换课程内容而缺乏系统性，都有悖教学规律，无益学生发展。因此，教师在更新资源时，必须立足课程实际，遵循教育教学规律，做到守正创新、继承发展。一方面，要巩固传统文化的根基，传承历久弥新的思想精华，培养学生的家国情怀、人文素养；另一方面，要顺应时代发展，融入现实生活，激发学生的责任担当、创新意识。唯其如此，才能使中华优秀传统文化教育真正落地生根、焕发生机，为培养担当民族复兴大任的时代新人提供丰厚滋养。

（二）数据备份与恢复

数据备份与恢复是保障线上课程资源安全、确保教学连续性的关键环节。在信息技术飞速发展的今天，各类线上教学平台和资源库不断涌现，为中华优秀传统文化教育插上了腾飞的翅膀。然而，伴随着海量数据的积累，数据安全风险也日益凸显。病毒入侵、硬件故障、人为失误等都可能导致宝贵的教学资源损毁或丢失，给教学工作带来难以估量的损失。因此，建立完善的数据备份与恢复机制，已经成为线上课程资源建设中不可或缺的一环。

从技术层面来看，数据备份与恢复需要综合运用多种手段和策略。要根据数据的重要性和更新频率，制订分级备份方案。对于核心教学资源，如教学大纲、课程视频、考试题库等，应采取高频次、多介质、异地备份等方式，确保数据的完整性和可恢复性。要选择安全可靠的备份存储介质，如磁带、光盘、云存储等，并定期检测介质的可读性，及时更新老化介质。再者，要建立严格的数据访问权限控制和审计机制，防止重要数据被非法访问、篡改或泄露。

从管理层面来看，数据备份与恢复离不开制度建设和人员培训。教育机构应制定完善的数据安全管理制度，明确各岗位人员的职责和操作规范，并定期开展数据安全教育和应急演练，提高全员的安全意识和处置能力。同时，要建立专门的数据管理团队，配备专职人员负责数据备份、恢复、监控等日常工作，确保备份与恢复工作高效、准确、有序开展。

在具体实施过程中，还要注重数据备份与恢复的时效性和灵活性。一方面，要根据数据的重要程度和变更频率，设置科学的备份周期和保留时限，既不影响系统性能，又能满足数据恢复需求；另一方面，要针对不同的故障场景，如病毒感染、硬件损坏、人为误删除等，设计针对性的恢复预案，确保在故障发生时能够快速、精准地恢复数据，将损失和影响降到最低。

数据备份与恢复的效果还取决于备份数据的质量和完整性。在备份之前，要对数据进行必要的清洗和校验，剔除冗余、错误、不一致等无效数据，提高备份数据的准确性和可用性。同时，要定期对备份数据进行恢复测试，验证备份数据的完整性和可恢复性，发现并修复潜在的数据误差和不一致。只有确保备份数据的高质量，才能在关键时刻发挥恢复数据的作用。

（三）用户反馈管理

用户反馈管理是线上课程资源维护的重要环节，对于提升中华优秀传统文化教育的质量和效果具有重要意义。在信息化时代背景下，线上教育已经成为传承和弘扬传统文化的重要途径。而用户，则是线上教育活动的主体。他们的学习体验、意见建议，都应成为课程优化和教学改进的重要依据。因此，建立完善、高效的用户反馈管理机制，已经成为中华优秀传统文化线上课程建设的题中应有之义。

具体而言，用户反馈管理应包括以下内容。

要为用户提供便捷、多样的反馈渠道。可以在教学平台上开设意见反馈专区，鼓励用户随时提出宝贵意见；也可以定期开展满意度调查，全面了解用户的学习感受。要对收集到的用户反馈进行分类整理和深入分析。这需要专门的工作人员负责，通过数据统计、文本分析等技术手段，准确把握用户反馈的关键信息，挖掘其中的共性问题。要根据分析结果制定有针对性的改进措施。这既包括对课程内容、呈现方式的优化完善，也包括对教学服务、管理流程的改革创新。只有从细节入手，不断提升用户体验，才能真正赢得他们的认可和支持。

用户反馈管理还应主动回应用户诉求，及时反馈改进成果。一方面，要对用户提出的意见建议给予积极回应，让其感受到参与感和被重视感；另一方面，要将改进的效果及时反馈给用户，提升其获得感和满意度。这种良性互动不仅能够增进彼此的理解和信任，更能激发用户的主人翁意识，调动其参与改革的积极性。

第三章　中华优秀传统文化教育的实施途径

第一节　课堂教学的方法与策略

一、传统文化课程设计

（一）课程目标设定

高质量的课程目标设定是中华优秀传统文化教育得以有效实施的首要前提和关键环节。课程目标既要体现中华文化的核心内涵和价值追求，又要契合当前教育发展的时代要求和学生成长的现实需求。总体而言，中华优秀传统文化课程的目标应该具有深厚的文化底蕴、鲜明的时代特色和强烈的育人导向。

从知识维度来看，中华优秀传统文化课程要帮助学生掌握中华文化的基本知识体系，了解其发展脉络和历史变迁，认识其思想精华和核心价值。这就要求课程内容应覆盖中国传统哲学、文学、史学、艺术等多个领域，涵盖儒、道等各家思想，呈现出横跨上下五千年、融通各派学说的恢宏体系。只有建立起完整、系统的知识架构，学生才能深刻领悟中华文化的博大精深，真正树立文化自信。

从能力维度来看，中华优秀传统文化课程应着力提升学生的文化理解力、传承力和创新力。理解力是指学生能够准确把握中华文化的丰富内涵，洞察其蕴含的智慧和哲理，领会其彰显的人文情怀和价值追求。这就要求教学过程应注重引导学生主动思考、深入分析，避免流于表面化的罗列和说教。传承力是指学生能够在继承优秀传统文化的基础上，结合新的时代条件和社会需求，创造性地加以发展和丰富。这就需要教师在课堂上搭建传统与现代的连接桥梁，引导学生将古老的智慧应用于解决现实问题。创新力则意味着学生要能在传统文化的滋养下，产生新的思想火花和文化创意，为中华文明的发展注入源源不断的活力。这对教学活动提出了更高要求，需要为学生的个性化探索和创造性表达提供广阔舞台。

从价值维度来看，中华优秀传统文化课程的根本目标在于塑造学生高尚的人格和健全的人格。忠恕、仁爱、礼义、诚信等中华文化积淀的道德理念，应成为学生安身立命的价值准则。同时，面对全球化时代的机遇和挑战，课程还应培育学生兼容并蓄、海纳百川的文化胸襟和国际视野。只有深深扎根于中华文化的沃土，又始终保持对世界的开放包容，学生才能在日益多元的文化交流中彰显自身的独特魅力。

（二）课程结构安排

课程结构的合理安排是实现中华优秀传统文化教育目标的关键环节。在设计课程结构时，需要充分考虑学生的认知特点、知识基础和学习需求，将传统文化内容与现代教育理念相融合，构建起系统完整、循序渐进的课程体系。

课程结构应体现传统文化教育的整体性和系统性。中华优秀传统文化博大精深，内容涵盖了文学、历史、哲学、艺术等多个领域。因此，在安排课程结构时，要注重不同学科间的联系和贯通，帮助学生形成完整的知识架构。例如，在讲授传统诗词时，可以适当引入与之相关的历史背景、哲学思想，使学生更深入地理解作品的内涵和意境。同时，课程结构还应体现由浅入深、由易到难的递进关系，根据学生的认知发展规律，循序渐进地引导其掌握传统文化知识。

课程结构要兼顾理论教学与实践体验。中华优秀传统文化不仅有丰富的理论内涵，更蕴含着宝贵的实践智慧。单纯的理论讲授难以引发学生的兴趣，也无法真正触及传统文化的精髓。因此，在课程结构中，要适度安排传统技艺操作、经典诵读、国学实践等体验式教学环节，让学生在亲身参与的过程中感悟传统文化的魅力。例如，开设传统手工制作课程，引导学生制作风筝、面塑等，既能锻炼动手能力，又能感受传统工艺的精湛技艺。

课程结构应注重现代性和时代性。在传承传统文化精华的同时，要结合当今社会发展需要，将传统文化中的优秀因子与现代文明相对接，赋予其新的时代内涵。例如，在教授传统礼仪时，可以引导学生思考如何将其运用于现代社交、职场交往中，提升学生的文化自信和综合素质。又如，在讲授传统哲学思想时，可以启发学生运用哲学智慧分析现实问题，提高其逻辑思辨能力和创新意识。

课程结构还应体现地域特色和校本特色。中华优秀传统文化在不同地域呈现出多样化的表现形式，各地都有独特的地方文化资源。学校可以立足本土，充分挖掘和利用这些宝贵资源，将其融入课程体系。这不仅能增强学生的文化认同感，也能促进学生全面发展。例如，位于江南地区的学校可以开设吴文化专题课程，带领学生走进博物馆、非遗传习所，感受吴地特色文化的独特魅力。

（三）教学资源整合

高质量的教学资源是实现教育目标、提升教学质量的关键要素。在中华优秀传统文化教育中，教学资源的整合与优化直接影响着课程的实施效果和学生的学习体验。要真正发挥传统文化教育的育人功能，必须立足课程特点，遵循教学规律，科学整合各类教学资源，为学生营造良好的学习环境。

教学资源整合的首要任务是梳理和筛选教学内容。中华优秀传统文化博大精深，内容丰富多样，不可能在有限的课时内面面俱到。因此，教师要根据课程目标和学生特点，遴选出最具代表性、最能体现文化精髓的教学内容。这些内容应该能够反映中华文化的核心价值理念，如仁爱、礼义、诚信、正义等；能够展现中华民族的传统美德，如孝敬父母、尊师重教、诚实守信等；能够体现中华文化的人文精神，如天人合一、以和为贵、自强不息等。只有选择恰当的教学内容，才能为学生奠定扎实的文化基础，引导其形成正确的价值观念。

在教学内容选择的基础上，教师还需要整合多种类型的教学资源，丰富课堂教学形式。传统的讲授式教学固然重要，但仅凭课本和讲解难以充分调动学生的学习兴趣，也无法有效促进知行合一。因此，教师应积极利用多媒体技术，通过图片、音频、视频等形式生动呈现教学内容；应广泛收集与课程主题相关的历史典故、文学作品、艺术作品等，帮助学生直观感悟传统文化的魅力；应精心设计体验式、参与式的教学活动，引导学生在实践中领会文化内涵。唯有整合多元化的教学资源，才能营造身临其境的学习情境，提升课堂教学的吸引力和感染力。

高校还应加强校内外资源的协同整合，拓宽传统文化教育的时空边界。要充分发挥校内各学科的综合优势，鼓励不同专业的教师协作开发课程，实现知识的交叉融合；要聚合校园文化活动、社团活动、志愿服务等资源，构建“课内课外、校内校外”立体化的育人格局；要主动对接博物馆、美术馆、非遗保护中心等校外机构，开展研学实践、课程合作等形式多样的教学活动。唯有整合各方资源，形成教育合力，才能为学生提供沉浸式的文化体验，增强教育的针对性和实效性。

二、教学内容的选择与编排

（一）核心内容确定

核心内容的确定是中华优秀传统文化教育教学内容选择与编排的关键环节。面对浩如烟海的传统文化瑰宝，教师必须立足学生实际，遵循教育规律，精心甄选最具代表性、最富教育价值的内容。这不仅关乎教学质量和效果，更关乎学生的文化认同和价值观塑造。

从知识维度来看，核心内容的选择应体现传统文化的精髓和主脉。儒家的“仁、义、礼、智、信”，道家的“道法自然”，都是中华文化的精华所在。将这些思想内核与经典著作、历史典故、诗词歌赋等有机融合，不仅能帮助学生全面把握传统文化的内涵，更能引导其继承和弘扬民族智慧。

从能力维度来看，核心内容的选择应注重学生文化素养和思维品质的培育。通过诵读经典、品析古文、讨论哲理，学生的语言表达能力、逻辑思辨能力、审美鉴赏能力都能得到锻炼和提升。同时，在探究传统文化中蕴含的人生智慧时，学生的批判性思维和创新意识也能获得启迪。这不仅有助于提高学生的人文底蕴，更能为其终身发展奠定基础。

从价值维度来看，核心内容的选择应着眼于学生品德情操的陶冶。“志于道，据于德，依于仁，游于艺”，传统文化中蕴藏着丰富的人文精神和道德理想。将其化为可感、可悟的鲜活素材，引导学生内化于心、外化于行，对于塑造学生高尚的人格品质、培育其家国情怀和责任担当意识，具有重要意义。这也正是中华优秀传统文化教育的初心和使命所在。

（二）教学内容层次化

教学内容的层次化设计是实现中华优秀传统文化教育目标的关键环节。教师需要根据学生的认知发展水平和学习需求，对教学内容进行科学合理的划分和组织，使其呈现出由浅入深、由简单到复杂的递进关系。这不仅有助于学生更好地理解和掌握传统文化知识，还能激发其学习兴趣，提升文化自信。

在进行教学内容层次化设计时，教师首先要明确传统文化教育的核心内容和基本要求。中华优秀传统文化博大精深，内容十分丰富，涵盖文学、历史、哲学、艺术等诸多领域。面对如此广泛的文化内容，教师必须进行适当的取舍和凝练，选择对学生成长发展最为重要、最具代表性的文化精华。例如，在文学领域，教师可以重点介绍诗经、楚辞、唐诗、宋词等体现民族审美情趣和人文精神的经典作品；在哲学领域，教师可以着重讲解儒、道、法等流派的思想精髓及其现实意义；在艺术领域，教师可以选取书法、国画、戏曲等最能彰显民族特色和审美理念的艺术形式。只有把握住传统文化的根本内容，才能确保教学内容的针对性和有效性。

在确定教育内容后，教师还要考虑如何将其进行层次化处理，使其更加符合学生的认知规律。一般来说，教学内容可以分为基础知识、拓展知识和研究型知识三个层次。基础知识是传统文化教育的必备内容，主要包括基本概念、重要人物、经典篇章等，旨在帮助学生建立起完整的文化知识框架。教师在讲解基础知识时，要注重概念的准确性、逻辑的严密性，同时还要运用恰当的教学方法，如情境教学、讨论法等，引导学生主动参与知识建构的过程。在基础知识教学的基础上，教师可以适当引入一些拓展知识，加深学生对传统文化的理解。拓展知识可以是与基础知识相关的背景资料、鲜活事例，也可以是不同观点的对比分析、思考探究。通过拓展知识的学习，学生能够突破知识的局限，开阔文化视野，提升人文素养。对于学有余力的学生，教师还可以设计一些研究型知识，鼓励其开展深入探讨。研究型知识注重培养学生的创新意识和科研能力，锻炼其收集资料、分析问题、提出见解的综合素质。教学内容的梯度化设计，既照顾了学生的个体差异，又促进了其全面发展。

教学内容层次化的另一个关键在于保持知识的内在联系和逻辑一致。传统文化知识并非彼此孤立，而是存在着错综复杂的关联。教师在组织教学内容时，要注意挖掘不同知识点之间的内在联系，帮助学生构建起系统完整的知识体系。例如，在讲解传统哲学时，教师不仅要分别介绍儒、道、法等流派的基本思想，还要引导学生分析这些思想之间的相通之处和根本分歧，认识其在治国理政、修身养性等方面的现实价值。通过总分总式的内容组织，学生能够融会贯通地掌握传统文化知识，形成系统化的思维方式。

教学内容的层次化设计还要充分考虑传统文化与现实生活的联系。中华优秀传统文化历经几千年的传承与发展，既体现了中华民族的文化基因，也承载着鲜活的生活气息。在教学中，教师应当从当下实际出发，引导学生认识传统文化的现代价值，领悟其中的人生智慧和治学方法。例如，在讲授传统美德时，教师可以引导学生思考如何将“仁爱”“诚信”等品德内化于心、外化于行，成为高尚的社会公民；在讲解古代科技成就时，教师可以启发学生反思创新精神和实践能力对个人发展、民族复兴的重要意义。唯有将优秀传统文化与时代生活相衔接，学生才能真正认同传统文化、珍惜传统文化，进而将其转化为自身发展的精神动力。

（三）教学内容的时效性

教学内容时效性是中华优秀传统文化教育实施的关键要素之一。传统文化博大精深，积淀了中华民族几千年的智慧结晶，但在现代社会语境下，如何从浩如烟海的传统文化中选取最具时代价值、最能引起学生共鸣的内容，是每一位教育工作者都需要深入思考的问题。

传统文化教学内容的选择应立足当下，紧跟时代脉搏。在信息技术高速发展的今天，学生的生活方式、思维模式都发生了巨大变化。他们更青睐富有互动性、体验性的学习方式，对枯燥乏味的说教式教学则兴趣寥寥。因此，教师在备课时要充分考虑学生的认知特点和接受习惯，适当剔除过于晦涩难懂或脱离现实的内容，着重选取那些能够引起学生情感共鸣、与其生活经验相联系的素材。比如，在讲授中华传统美德时，教师可以引用学生身边的真实案例，或者结合社会热点话题进行分析，从而拉近学生与传统文化的距离，提升其学习兴趣。

教学内容的时效性还体现在对传统文化的创新阐释上。传统文化虽然源远流长，但并非一成不变。它需要在与时俱进中焕发新的生命力。教师应结合新时代背景，对传统文化作出符合现代价值观的解读，使其在继承创新中焕发青春活力。比如，在讲授儒家的“仁”时，教师可以将其与现代社会倡导的“人文关怀”相联系；在阐释“诚信”理念时，可以引申到诚实守信在构建和谐社会中的现实意义。通过创新性的诠释，学生能够更加直观地感受到传统文化的当代价值，从而产生学习和践行的动力。

教学内容的时效性还要求教师随时关注传统文化研究的最新进展，及时更新和充实教学内容。当代学者对传统文化的认识不断深化，许多新的研究成果值得引入课堂教学。比如，近年来学界对传统哲学“天人合一”思想的生态价值有了新的阐发，教师就可以据此丰富“人与自然和谐共处”的教学内容。通过与学术前沿接轨，教师不仅能够拓宽学生的知识视野，更能展现传统文化在新时代焕发出的勃勃生机。

三、多样化教学方法的应用

（一）讲授法

讲授法是教学方法中最为传统和常用的一种，在中华优秀传统文化教育中发挥着重要作用。讲授法以教师的口头讲解为主要形式，通过教师的语言表达将知识传授给学生。在传统文化教育中，许多内容如文化典故、历史事件、哲学思想等，都需要教师通过生动形象的讲解，将其中蕴含的智慧和精髓传递给学生。

讲授法的运用需要注重三个方面。一是教师要精心备课，深入钻研教材和相关资料，充分理解所讲授内容的来龙去脉、内在逻辑和精神实质。只有对知识点有了透彻的认识，才能做到讲解时旁征博引、深入浅出。二是教师要注重讲授艺术，运用恰当的语言表达方式，如比喻、典故、故事等，增强讲解的生动性和趣味性，调动学生的学习兴趣。三是教师要把握讲授节奏，讲解要层次分明、重点突出，适时穿插提问、互动等环节，引导学生积极思考，避免满堂灌。

在中华优秀传统文化教育中，教师还要注重讲授内容与现实生活、学生成长的结合。传统文化中蕴藏着丰富的人生智慧和道德理念，教师要善于挖掘其中的教育资源，将高深的道理讲解得通俗易懂，引导学生将传统美德内化为自己的价值追求和行为准则。例如，在讲解“修身、齐家、治国、平天下”时，教师可结合当代大学生成长成才、服务社会的责任和使命，激励学生勤学修德、奉献家国。

教师在讲授传统文化时，要注重亲和力和感染力，以高尚的道德情操和学识魅力去感召学生。优秀的传统文化教育，不仅是知识的传授，更是心灵的沟通和精神的唤醒。教师要以自己的人格力量，引导学生树立文化自信、坚定理想信念。

（二）讨论法

讨论法在中华优秀传统文化教育中具有重要意义。它通过教师引导、学生参与的互动交流，激发学生的思考和探究热情，帮助其深入理解传统文化的内涵，构建起系统完整的文化知识体系。

在运用讨论法教学时，教师首先应精心设计讨论主题，选取具有时代意义和现实针对性的问题，如“中华优秀传统文化在现代社会的价值”“如何从传统文化中汲取精神力量”等。这些主题不仅能够引发学生的兴趣，更能引导其思考传统文化与现实生活的关联，增强文化自信和民族认同感。

讨论主题确定后，教师还需合理规划讨论流程，做好必要的组织和引导工作。一般来说，讨论可分为小组讨论和全班交流两个环节。在小组讨论中，教师可根据学生特点进行分组，并提供相关资料和问题提示，鼓励学生畅所欲言、各抒己见。小组讨论有助于营造民主、平等的课堂氛围，激发学生参与的积极性。在全班交流环节，教师则要充分发挥引导作用，鼓励不同小组分享讨论成果，启发学生相互质疑、相互补充，在碰撞交流中加深对问题的理解，形成更加全面、深刻的认识。

讨论法教学的关键在于发挥学生的主体性。教师要树立民主意识，尊重学生的独立思考，鼓励其表达个人见解。即便学生观点存在偏颇或不足，教师也要包容并引导，帮助其修正错误、完善思路。唯有如此，学生才能获得独立思考的自由，逐步形成理性的文化判断力。同时，在讨论过程中，教师还应注重学生表达能力、倾听能力、批判性思维等关键能力的培养，引导学生学会换位思考，尊重差异，形成开放包容的心理品质。

（三）多媒体教学法

多媒体技术作为现代教育的重要手段，已经深刻影响和改变了传统的教学模式。在中华优秀传统文化教育中，合理运用多媒体教学法能够极大提升教学效果，增强学生的学习兴趣和参与度。多媒体教学法的核心在于利用计算机技术、网络技术、音频视频技术等现代信息技术手段，将文字、图像、声音、动画等多种媒体信息进行整合，创设生动形象、直观逼真的教学情境，以多感官的刺激促进学生对知识的理解和记忆。

在运用多媒体教学法进行中华优秀传统文化教学时，教师可以充分利用多媒体课件展示传统文化的博大精深。例如，在讲授中国传统书法艺术时，教师可以通过多媒体播放著名书法作品的创作过程，让学生直观地感受书法艺术的魅力；在介绍中国传统戏曲时，教师可以利用多媒体播放经典剧目片段，使学生身临其境地欣赏国粹之美。与单纯的语言讲解相比，多媒体教学法所创设的声、像并茂的教学情境，更容易激发学生的学习热情，加深其对传统文化内涵的理解。

多媒体教学法还能为学生提供互动探究传统文化的机会。教师可以充分利用网络资源，引导学生自主收集、整理与课程主题相关的音频、视频、图片等资料，制作专题报告或多媒体作品。在这一过程中，学生不仅能够主动建构传统文化知识体系，提高信息素养和创新能力，更能在亲身参与中感悟中华传统文化的时代价值，增强文化自信。诸如虚拟现实、增强现实等新兴技术在教学中的应用，还能够为学生提供沉浸式、交互式的文化体验，激发其探索传统文化的兴趣。

四、学生参与度的提升策略

（一）互动教学设计

互动教学设计是学生参与度提升的关键举措。它以学生为中心，通过精心设计教学活动，为学生提供参与、交流、合作的机会，激发其学习热情，培养其自主学习能力。在互动教学中，教师不再是知识的权威传播者，而是学习的引导者和促进者。他们需要根据教学目标和学情，创设富有吸引力和挑战性的学习情境，鼓励学生主动探索、积极思考、勇于质疑。

为了实现有效的互动，教师应注重以下几个方面：要合理设计教学内容，精选具有时代性、趣味性和思想性的素材，使之与学生的生活经验和认知水平相契合；要灵活运用多样化的教学方法，如讨论法、案例分析法、角色扮演法等，为学生提供表达观点、交流想法的平台；要注重师生互动和生生互动的结合，通过提问、点评、小组合作等方式，营造民主、平等、和谐的课堂氛围；要重视过程性评价，通过学习档案、成长记录等形式，及时记录和反馈学生的参与表现，以增强其学习动机和自信心。

互动教学设计的成功实施，离不开现代信息技术的支持。多媒体课件、在线学习平台、移动应用程序等工具，为互动教学提供了丰富多彩的资源和手段。教师可以利用这些技术，创设形象生动的教学情境，开展在线讨论、协作学习等活动，拓宽学生的学习空间和资源。同时，大数据分析技术的应用，也为教师提供了及时跟踪学情、优化教学设计的可能。通过收集和分析学生在互动教学中的行为数据，教师能够更加精准地把握学生的学习特点和需求，从而不断改进教学策略，提高互动效果。

互动教学设计对于学生核心素养的培育具有重要意义。在互动教学中，学生不仅能够掌握扎实的知识技能，还能够锻炼语言表达、逻辑思辨、团队协作等关键能力。通过主动参与教学活动，学生能够深化对知识的理解，提升运用知识解决问题的能力。同时，在与他人交流互动的过程中，学生还能够学会倾听、尊重、包容，培养健全的人格和社会责任感。这些宝贵的品格和能力，将成为学生适应未来社会、实现自我发展的重要基石。

（二）小组合作学习

小组合作学习是提升学生参与度、促进传统文化教育落地生根的有效策略。在中华优秀传统文化教育中，小组合作学习能够营造生动、活泼的课堂氛围，激发学生主动探索传统文化的热情。通过小组互动和协作，学生能够在交流碰撞中加深对传统文化内涵的理解，在合作实践中感悟传统文化的现实意义。

具体而言，教师可以根据教学内容和学情特点，灵活设计小组合作学习的形式和任务。例如，在学习中华传统美德时，教师可以组织学生分组讨论“忠、孝、仁、义、礼、智、信”的内涵和现实价值，引导学生结合生活实例分享体会。在探究传统节日习俗时，教师可以安排小组合作完成手工制作、情景表演等任务，让学生在动手实践中感受传统文化的魅力。小组合作学习还能够发挥学生的主体作用，激发其学习的内在动力。在小组任务的设计上，教师应该为学生提供充分的自主权和创造空间，鼓励其围绕传统文化主题开展调查研究、创意设计等拓展性学习。通过小组内的分工协作和角色互换，每个学生都能找到适合自己的学习方式和表现舞台，在合作互助中提升自信心和责任感。

小组合作学习对于培养学生的核心素养也具有重要意义。在小组互动过程中，学生能够锻炼口头表达、人际交往等关键能力，提升团队协作意识和组织管理水平。更为重要的是，小组合作学习为学生提供了在真实情境中内化传统文化价值观的机会。学生在与他人的交流碰撞中，能够将个人对传统文化的认知和体验与集体智慧相融合，形成对中华优秀传统文化更加深刻、立体的认识，增强文化自信和价值认同。

小组合作学习的有效开展离不开教师的精心组织和引导。教师需要根据学情特点合理分组，为每个小组设置明确、有梯度的学习任务，提供必要的资源支持和过程指导。在小组展示交流环节，教师应鼓励学生相互评价，引导其开展深度思考和对话，提炼学习收获和心得体会。此外，教师还应该关注小组合作学习的生成性资源，如小组讨论笔记、合作成果等，及时发掘其中的亮点和创意，进一步拓宽学生的学习空间。

小组合作学习作为一种开放、互动的教学策略，有助于打破传统“满堂灌”模式的局限，让学生在主动参与和生成性学习中感悟中华优秀传统文化的独特魅力。通过小组内的头脑风暴和集体智慧的碰撞，学生能够实现思维的扩散和升华，加深对传统文化内涵的理解和认同。在合作实践和创造性学习中，学生能够将传统文化知识转化为内化于心的价值追求，并身体力行地弘扬和传承。

第二节　课外活动的组织与开展

一、课外活动的类型与选择

（一）体育类活动

体育类活动在中华优秀传统文化教育中发挥着独特而重要的作用。中华武术、传统体育游戏、民族体育项目等蕴含着深厚的历史文化底蕴，承载着民族精神和价值观念。将这些传统体育元素引入学校教育，不仅有助于传承和弘扬中华体育文化，更能在潜移默化中影响学生的人格塑造和价值观念。

从知识传授的角度来看，体育类活动为学生了解和掌握传统体育项目的基本技术、规则提供了直观、生动的途径。通过亲身参与太极拳、剑术、摔跤等传统武术训练，学生能够更加直观地感受这些国粹的精髓所在，领悟其中蕴含的中华哲学思想和人文精神。同时，在掌握技术要领的过程中，学生还能够接受到中华传统美德教育，如尊师重道、刻苦钻研的学习态度，谦逊有礼、以德服人的处世之道等。这些宝贵的品性，将伴随学生终身发展，成为其成长的精神财富。

从能力培养的角度来看，传统体育活动有助于学生身心全面发展。许多民族传统体育项目如踢毽子、抖空竹、射箭等对人体协调性、灵活性、专注力等方面都有很高的要求。学生在掌握技能的过程中，这些身体素质能够得到有效锻炼和提升。同时，传统体育活动大多具有趣味性和互动性，需要参与者之间的默契配合。学生在与他人共同完成任务的过程中，沟通表达能力、团队协作意识也能够得到培养。这些关键能力的获得，将为学生未来的学习、工作和生活奠定基础。

从情感态度的角度来看，传统体育活动有助于培养学生的文化自信和民族认同感。许多民族传统体育项目都源远流长、历史悠久，承载着中华民族的聪明才智和审美追求。学生在参与其中时，能够直观地感受到民族文化的独特魅力，油然而生一种民族自豪感。这种发自内心的情感体验，将激励学生自觉地传承和弘扬民族优秀文化，增强其文化自信。同时，在与他人共同参与、体验传统体育项目的过程中，学生对中华文化的认同感也会不断增强。

（二）艺术类活动

艺术类活动作为中华优秀传统文化教育的重要载体，在培养学生审美情趣、提升人文素养方面具有不可替代的作用。通过丰富多彩的艺术实践，学生能够沉浸于传统文化的熏陶中，感受中华艺术的独特魅力，领悟蕴含其中的价值理念和人文精神。

书法、国画、戏曲、古典舞蹈等传统艺术形式，都是中华文化的瑰宝。开展书法欣赏与创作活动，能让学生领略汉字艺术之美，体会中华文字独特的表现力和传统书法的灵动韵味。组织国画临摹与创新，则可引导学生探索水墨艺术的神韵，感悟笔墨传神、意境深远的东方绘画艺术。戏曲表演与赏析活动，能让学生沉浸于昆曲、京剧等传统戏剧的意蕴中，欣赏唱念做打的综合艺术魅力。古典舞蹈的学习与展演，则能让学生在优美舞姿中感受中华舞蹈艺术的灵动与韵味。这些传统艺术形式不仅能提升学生的审美鉴赏力，更能让其在艺术体验中感悟中华文化的博大精深。

除传统艺术外，现代艺术形式同样可以成为弘扬优秀传统文化的有效途径。以话剧、歌舞剧等形式改编古典名著，既能让学生感受经典作品的思想内涵，又能以新颖的艺术手法吸引当代学生。组织非遗项目体验活动，让学生亲身参与皮影戏、剪纸、年画等传统工艺的制作，能加深其对民间艺术的理解和热爱。开展传统节日主题艺术活动，如元宵灯会、七夕对诗等，则能在喜闻乐见的形式中让学生感受传统文化的魅力。这些融合传统与现代的艺术活动，能拉近优秀传统文化与当代学生的距离，提升传统文化教育的针对性和实效性。

然而，要充分发挥艺术活动的育人功能，必须注重活动形式的科学性和内容的思想性。在形式上，要充分考虑学生的认知特点和兴趣爱好，设计丰富多样、寓教于乐的艺术活动，调动学生参与的积极性和主动性。在内容上，要遴选富有教育意义的经典艺术作品，引导学生在欣赏和创作中感悟作品的思想内涵和人文精神。教师还应注重艺术鉴赏能力的培养，引导学生用审美的眼光、人文的情怀去解读艺术作品，提升艺术修养和人文素养。只有内容与形式相得益彰，才能真正实现艺术润泽心灵、塑造美好人格的教育目标。

艺术活动的开展还需要加强校内外资源的整合与共享。学校应发挥自身场地、师资等优势，为学生提供良好的艺术学习环境。同时，要积极引入社会艺术教育资源，与文化馆、博物馆、艺术院团等机构合作，为学生提供更加专业、多元的艺术体验机会。学校还可以搭建艺术交流平台，组织校际的艺术活动和比赛，促进优秀传统文化的传播与交流。

（三）科技类活动

科技类活动是中华优秀传统文化教育课外实践的重要载体。通过精心设计和组织，这些活动能够激发学生探索传统科技智慧的兴趣，培养其创新意识和动手能力，使其在潜移默化中感悟中华文化的博大精深。

从活动内容来看，传统农耕、建筑、医药、天文、数学等领域蕴藏着丰富的科技知识，为开展科技类课外活动提供了宝贵资源。以中医药为例，学生可以通过辨识中草药、制作药膳、体验针灸等活动，了解中医“天人合一”的整体观，感受其在养生保健中的独特价值。又如，学习传统建筑营造技艺，制作建筑模型，能让学生领略古代匠人的智慧结晶，培养其专注、严谨、协作的品格。开展传统农耕实践，如插秧、收割等，则有助于学生体认勤劳节俭的传统美德。总之，传统科技类活动内容丰富多彩，各具特色，对学生身心发展和价值观塑造都有独特意义。

从活动形式来看，科技类活动应强调动手实践和体验感悟。一方面，教师要精心设计操作性强的活动环节，让学生在动手操作中获得直观感性认识，加深对传统科技知识的理解。如学习中国结编织，学生需要耐心专注、灵活变通，方能掌握基本技艺。这一过程不仅能锻炼学生动手能力，更能让其感受传统工艺的精湛和传统美学的魅力。另一方面，活动还应引导学生在实践中思考感悟。如开展中国古代天文观测仪器的制作，教师不仅要讲解基本原理，更要引导学生探究古人对天文现象的认识，体会“法天数地”的宇宙观，从而加深对中华传统文化核心理念的理解和认同。

从活动管理来看，科技类活动对场地、设备、安全等方面都有较高要求。学校应统筹各类资源，因地制宜开展特色活动。如利用博物馆、非遗传习所等校外资源，组织参观体验活动；或邀请非遗传承人、民间艺人等进校园，开展传统技艺展示和教学。同时，要重视活动的科学组织和安全管理，如分批次、小规模开展，配备必要的安全防护措施，最大限度保障活动效果和学生安全。

（四）社会实践活动

社会实践活动是中华优秀传统文化在课外得以弘扬和传承的重要载体。通过精心组织和设计，社会实践能够让学生走出校园，走进社会，在真实的情境中感悟传统文化的魅力，加深对其内涵的理解和体认。这种沉浸式、体验式的学习方式，不仅能够激发学生探索传统文化的兴趣，更能培养其文化自信和家国情怀。

组织传统文化主题的社会实践活动，需要教师因地制宜、因材施教。一方面，要立足本地资源，挖掘当地特色的传统文化元素，如非物质文化遗产、历史古迹、民俗风情等，让学生在熟悉的环境中感受文化的亲切与鲜活；另一方面，要结合学生的年龄特点和认知水平，设计难度适中、形式多样的实践任务，引导其在观察、思考、操作的过程中主动建构知识。

例如，教师可以带领学生参观当地的非遗展览或手工作坊，让其近距离观摩传统技艺的制作过程，体验匠人的精湛技艺和专注态度。在参观后，还可以组织学生开展小组讨论或撰写心得体会，引导其反思传统工艺在当代社会的传承和发展。又如，教师可以组织学生走访当地的历史古迹或文化景点，在感受古朴风韵的同时，了解其背后的历史故事和人文内涵。学生还可以扮演“小小讲解员”的角色，为游客介绍相关知识，在知识的输出中加深自身的理解和认同。

社会实践还应注重培养学生的综合素质和实践能力。在传统文化的学习中，学生不仅要掌握相关知识，更要学会在生活中践行。教师可以鼓励学生走进社区，开展与传统文化相关的志愿服务，如为老人讲述传统故事、教授传统手工等。在服务他人的过程中，学生能够切身体会传统美德的可贵，增强文化自信和社会责任感。

二、课外活动的组织与管理

（一）活动计划制订

活动计划的制订是课外传统文化教育活动组织与管理的重要环节。科学、合理的活动计划能够为活动的顺利实施提供路线图和行动指南，确保活动目标的实现。在制订课外传统文化教育活动计划时，要明确活动的主题和目标。活动主题应紧密围绕中华优秀传统文化，彰显其精髓和内涵。而活动目标则需要针对不同年级学生的认知特点和兴趣爱好，从知识、能力、情感等多维度进行设计，做到因材施教、循序渐进。

活动计划的内容应包括活动时间、地点、参与对象、活动形式、所需资源等关键要素。合理安排活动时间，既要考虑学生的学习节奏和生物钟，又要避免与其他重大活动相冲突。选择活动地点时，要充分利用学校的文化资源，如图书馆、博物馆、非遗传习所等，营造浓郁的传统文化氛围。针对不同年级学生设计差异化的活动形式，以激发其参与热情。低年级学生可采用游戏、绘本、动画等生动有趣的形式，高年级学生则可通过研讨、辩论、实践等方式，深化对传统文化的理解和体悟。

制订活动计划还需统筹兼顾，合理配置各类资源。人力资源方面，要充分调动教师的积极性，鼓励其发挥专业特长，担任活动的组织者和引导者。同时，还可邀请校外专家、非遗传承人等参与活动，为学生提供更专业、更权威的指导。物力资源方面，要提前准备活动所需的场地、设备、材料等，确保活动的顺利开展。财力资源方面，要统筹安排活动经费，做好预算控制，提高资金使用效率。

活动计划的制订还应具有一定的弹性和调适性。在实施过程中，要根据活动进展和效果进行动态调整，及时解决出现的问题，优化完善活动方案。同时，要注重收集学生的反馈意见，了解其需求和期待，让活动更加贴近学生、服务学生。

（二）活动人员安排

活动人员安排是课外传统文化教育活动成功的关键要素之一。组织者需要根据活动的内容、规模和目标受众，合理配置教师、志愿者等各类人员，明确其职责分工，做到各司其职、协调配合。在人员选拔上，应注重考查个人的文化素养、专业特长、组织协调能力等，确保其胜任活动要求。同时，还要加强人员培训，提升其文化传播、活动组织、应急处置等方面的技能。

教师是传统文化教育活动的主导力量。他们不仅要在活动前期参与策划、设计环节，更要在活动实施阶段发挥引导、启发作用。教师应根据自身特长承担不同角色，如文化讲解员、活动引导员、评价考核员等。在传授文化知识的同时，教师还要注重与学生互动，启发其思考，引导其体验，帮助其内化文化内涵。此外，教师还要肩负活动秩序维护、安全保障等重任，及时处理各类突发情况。

志愿者是传统文化教育活动的重要补充力量。他们多为热心传统文化、有一定专业特长的学生或社会人士。合理调动志愿者的积极性、主动性，发挥其生力军作用，能够有效扩大活动覆盖面，提升活动丰富性。组织者可根据志愿者的特长爱好，合理安排其担任助教、引导员、宣传员、后勤保障等角色。同时，要加强对志愿者的管理和培训，明确工作要求，提高服务水平。

除教师和志愿者外，行政管理人员、后勤保障人员也是传统文化教育活动不可或缺的组成部分。行政人员主要负责活动的综合协调、进程管理、经费保障等，是活动有序开展的组织保障。后勤人员则要做好场地布置、设备维护、物资供给等工作，为活动创造良好的外部环境。组织者要统筹兼顾，合理调配，形成各岗位人员的紧密配合、齐心协力。

（三）活动场地管理

活动场地是课外传统文化教育活动顺利开展的重要保障。场地管理应围绕安全性、功能性和共享性三个关键点来进行。

场地管理必须把安全放在首位。教师要全面排查活动场地的安全隐患，如地面是否平整、电路是否老化、设施是否牢固等，确保学生在参与活动时不会受到伤害。同时，还要制定科学的场地使用规则和应急预案，明确各项安全要求，提高师生的安全意识。一旦发生意外情况，要及时启动应急机制，最大限度地减少损失。

场地管理要注重发挥场地的功能性。不同类型的传统文化活动对场地的要求各不相同。比如，书法活动需要宽敞明亮的教室，戏曲表演需要专业的舞台和音响设备，民俗体验需要富有特色的场景布置。场地管理者要深入了解每项活动的特点，因地制宜地优化场地布局，配备相应的设施设备，为活动的顺利开展提供必要的硬件支持。只有场地的功能性得到充分发挥，才能让传统文化在活动中鲜活起来，吸引学生广泛参与。

高效的场地管理离不开资源的共享和整合。学校的场地资源往往有限，如何在有限的空间里开展丰富多彩的课外活动，是摆在管理者面前的一大挑战。这就需要建立起科学的场地共享机制，统筹协调不同活动的场地需求，避免资源闲置和浪费。例如，可以实行场地预约制度，鼓励不同社团、年级错时使用场地；可以开发多功能场地，灵活调整布置以适应不同活动；还可以与社会机构合作，利用校外场地拓展活动空间。总之，只有打破资源壁垒，实现场地共享，才能在有限空间中创造无限可能。

场地管理还应重视美化育人环境。传统文化蕴含着丰富的美学内涵，曼妙的舞姿、动听的戏曲无不给人以美的熏陶。在活动场地的布置中，可以充分融入传统文化元素，如悬挂书画作品、制作民俗景观等，让学生在潜移默化中感受传统文化的魅力。美轮美奂的场地本身就是一种文化自觉，有助于唤起学生对传统文化的情感共鸣，激发他们传承和弘扬中华优秀传统文化的使命感。

三、课外活动的资源整合

（一）校内资源利用

校内资源的利用是实施中华优秀传统文化课外教育的重要基础。学校作为文化传承的重要载体，其丰富的教育教学资源为传统文化教育提供了多样化的平台和机会。立足校内资源，创新活动形式，能够有效提升传统文化教育的针对性和实效性，为学生的全面发展奠定坚实基础。

从硬件设施来看，学校的图书馆、博物馆、艺术中心等场馆蕴藏着丰富的传统文化资源。这些场所不仅收藏了大量珍贵的古籍文献、历史文物，还定期举办各类展览、讲座等文化活动。教师可以充分利用这些资源，组织学生开展参观、调研等体验式学习，引导其在浸润式的文化氛围中感悟传统智慧。例如，教师可以带领学生参观校史馆，了解学校的发展历程和名人事迹，感受“学思”的人文情怀；又如，教师可以组织学生在图书馆查阅古籍，开展经典诵读活动，体会传统文化的语言魅力。

从师资力量来看，高校拥有一大批深谙传统文化、学术造诣深厚的专家学者。这些学者不仅在相关领域有着权威的学术地位，还具有丰富的教学经验和较强的语言表达能力。邀请这些专家举办讲座、开设选修课，能够为学生提供系统而深入的传统文化教育。学生不仅能够与大师面对面交流，领略其学术风采，更能在潜移默化中内化传统文化精华，提升人文素养。例如，学校可以邀请国学大家开设“四书五经”导读课，引导学生品味经典、体悟圣贤智慧；又如，学校可以邀请非物质文化遗产传承人举办专题讲座，让学生零距离感受传统技艺的独特魅力。

从学生社团来看，许多高校都有与传统文化相关的学生社团，如国学社、茶艺社、古琴社等。这些社团由学生自发组织，开展形式多样的传统文化活动，如经典诵读、古琴演奏、茶艺表演等。鼓励学生积极参与社团活动，不仅能够丰富其课余生活，更能使其在亲身实践中加深对传统文化的理解和热爱。学校应大力支持传统文化类社团的发展，为其提供场地、经费等必要保障，营造良好的传统文化教育氛围。例如，学校可以定期举办传统文化社团展演活动，为优秀社团提供展示平台；可以设立专项基金，资助传统文化社团开展创新活动。

从校园环境来看，许多高校在校园建筑、景观设计等方面融入了传统文化元素。这些具有传统韵味的校园环境，如古色古香的建筑、典雅别致的园林，无时无刻不在地影响着学生。教师应充分利用这些环境资源，引导学生主动观察、体验，在润物无声中感受传统文化的独特魅力。例如，教师可以组织学生在校园内寻找传统文化元素，引导其思考传统与现代的融合之道；可以在校园景观前开展写生、诗词创作等活动，激发学生的文化创造力。

（二）社会资源引入

社会资源的引入是深化中华优秀传统文化教育的重要途径。学校作为教育的主阵地，在传承和弘扬传统文化方面肩负着不可推卸的责任。然而，仅凭学校单方面的努力是远远不够的，还需要广泛动员和整合社会各界的力量，构建起学校、家庭、社区、文化机构等多元主体协同育人的格局。

社会文化资源的引入，能够极大地拓宽传统文化教育的时空边界。博物馆、图书馆、美术馆、非遗传习所等文化场所，珍藏着丰富的历史文物、古籍典籍、书画作品和技艺档案，蕴含着深厚的传统文化底蕴。组织学生走进这些场所参观学习，能够使其在文化氛围的熏陶中感悟传统文化的魅力，加深对优秀传统的理解和认同。同时，名家大师、非遗传人等文化名人的讲座、示范，也能让学生近距离感受大国工匠精神和优秀传统美德，从而树立文化自信，激发传承创新的动力。

引入社会资源开展传统文化教育，也有利于突破学科壁垒，实现知行合一。传统文化博大精深，涉及文学、历史、哲学、艺术等诸多领域，很难完全纳入某一学科的教学范畴。而社会实践活动则能够整合不同领域的文化要素，通过情境化、体验式的学习，帮助学生构建起完整的知识体系。例如，在文化考察活动中，学生需要运用所学知识分析文物的历史价值、艺术特色，还要学习田野调查的方法，收集整理口述资料，这些都是课堂教学难以企及的。在研学实践中，学生在参与传统工艺制作、体验传统生活方式的过程中，能够将理论知识转化为实际本领，亲身领会中华文化的时代价值。

借助社会资源开展校外教育活动，还能培养学生的社会责任感和文化传播能力。通过走访文化企业，学生能够了解传统工艺产业的发展现状，思考传统文化创新转化的路径。组织学生参与文化志愿服务，能使其在实践中体认文化自信的重要性，增强传播推广传统文化的使命感。引导学生参加公益性文化项目，能够锻炼其统筹规划、团队协作、人际沟通等关键能力，也为学生的职业生涯发展奠定基础。

（三）资源共享平台

资源共享平台是实现高校课外中华优秀传统文化教育资源整合的重要途径。当前，各高校在开展传统文化教育实践时，往往面临着资源分散、力量薄弱的困境。虽然不少学校都开设了国学社、书法社、茶艺社等传统文化类学生社团，积累了丰富的活动经验和教学资源，但这些资源大多局限于校内，难以实现跨校共享和协同发展。因此，构建资源共享平台，打破校际壁垒，实现优质教育资源的互通有无，已成为新时代加强高校传统文化教育的迫切需要。

资源共享平台应以服务学生、服务教学为宗旨，围绕传统文化教育的核心内容，整合校内外相关资源。一方面，平台要充分挖掘校内传统文化教育资源，包括国学经典读本、书画作品、茶艺技法、民族音乐曲谱等，将其数字化、系统化，形成易于检索、便于共享的数据库；另一方面，平台要积极对接校外优质资源，如博物馆、非遗传习所、文化企业等，通过资源置换、项目合作等方式，为师生提供更加多元、更加生动的学习素材和实践机会。

资源共享平台的建设需要学校、教师、学生多方协同推进。学校应成立专门的管理机构，制定资源共享的规章制度，为平台运行提供政策保障和经费支持。教师要主动参与资源的收集、整理和上传，并积极开发基于共享资源的教学方案，丰富课外传统文化教育的内容和形式。学生则要珍惜共享资源，合理使用，践行优秀传统文化的要求，在学习传承中增强文化自信、涵养家国情怀。

资源共享平台的价值不仅在于丰富教学资源，更在于凝聚多方力量，形成合力。通过平台这一纽带，高校之间可以加强交流合作，教师之间可以分享教学心得，学生之间可以开展文化竞赛和展示活动。在交流互鉴中，不同学校的特色文化得以彰显，不同主体的文化素养得以提升，中华优秀传统文化在青年学子中的传承创新得以实现。

第三节　社会教育资源的利用

一、公共图书馆资源的利用

（一）图书馆资源分类

公共图书馆是传承文明、传播知识的重要殿堂，其丰富的馆藏资源是开展中华优秀传统文化教育的重要基础。为了更好地发挥图书馆在传统文化教育中的作用，需要对图书馆资源进行科学分类和系统梳理，使之形成完整、有序的知识体系，便于教师和学生查找、利用。

从内容上看，与中华优秀传统文化相关的图书馆资源可分为经典文献、文物图录、学术著作等多个类别。其中，经典文献是传统文化的源头活水，包括儒家经典“四书”“五经”，道家经典《道德经》《庄子》，佛家经典《金刚经》《心经》等。这些典籍凝聚了中华民族的智慧结晶，蕴含了深邃的哲学思想、伦理道德、人生智慧，是传统文化教育的必备材料。文物图录则通过图文并茂的形式，展现了国宝级文物的风采，如敦煌壁画、兵马俑、青铜重器等，既有助于学生直观感受传统艺术的魅力，又能引导其探究文物背后的历史故事、文化内涵。学术著作则从不同学科视角对传统文化进行研究阐释，如历史学视角下的断代史专著，考古学视角下的出土文献整理，美学视角下的古典艺术评论等，可使学生全面、立体地认识传统文化。

从载体形式上看，图书馆的传统文化资源也呈现多样化特点。除纸质图书外，还包括期刊报纸、缩微胶片、音像资料、数字资源等多种载体。其中，期刊报纸刊载了大量传统文化研究的最新成果，如《文史哲》《中国典籍与文化》等权威期刊，展现了学界对传统文化的多元解读。缩微胶片收录了大量珍稀古籍文献，弥补了纸本文献的缺失，为研究者提供了第一手资料。音像资料如戏曲唱腔、曲艺表演的录音录像，再现了非物质文化遗产的风采。数字资源则突破了时空限制，通过网络平台使海量的传统文化资源唾手可得。多元载体的综合运用，能够满足不同学习需求，激发学习兴趣。

从服务对象上看，图书馆的传统文化资源面向社会大众开放，具有公共教育属性，但在教育实践中仍需根据不同群体的认知特点提供有针对性的服务。

对于中小学生，应注重寓教于乐，开发富有趣味性、互动性的主题阅读活动，引导其在游戏体验中感悟传统文化的魅力。对于大学生和教师，则应提供专业化、学术性的资源导航服务，引导其利用图书馆资源开展传统文化研究，形成学术成果。对于普通市民，应举办形式多样的传统文化展览、讲座、沙龙等，普及传统文化知识，引导大众参与传统文化的传承和弘扬。

中华优秀传统文化博大精深，图书馆海量的馆藏资源为其教育传播提供了坚实保障。面对纷繁复杂的资源，开展科学分类和系统梳理至关重要。只有在全面把握资源特点的基础上，形成完整的知识架构，建立便捷的检索机制，才能充分发挥图书馆在传统文化教育中的独特优势。同时，还应根据不同群体的需求，开发个性化、精准化的资源服务，满足多层次、多样化的文化需求。

（二）图书馆资源获取

公共图书馆作为传承人类文明、传播知识信息的重要机构，肩负着为社会公众提供优质阅读资源和服务的重任。在当前信息技术飞速发展的时代，图书馆更需要与时俱进，创新资源获取方式，丰富馆藏类型，以满足读者日益多元化、个性化的需求。

从传统纸质文献到数字化资源，从线下馆藏到线上数据库，图书馆的资源获取方式经历了深刻变革。网络时代为图书馆带来了海量的数字化信息，但同时也对资源的筛选、组织和管理提出了更高要求。图书馆需要发挥专业优势，遴选优质的数字资源，如电子图书、学术期刊数据库、多媒体资源等，并将其与传统纸质文献有机融合，构建内容丰富、形式多样的馆藏体系。

开放获取资源（Open Access Resources）是图书馆拓展数字馆藏的重要途径。通过与开放获取平台合作，图书馆可以免费或低成本地获取大量学术期刊论文、学位论文、会议论文集等高质量资源。这不仅能够极大地丰富图书馆的电子资源，还能为读者提供更加便捷、实时的学术信息服务。同时，图书馆也应积极参与开放获取运动，支持本馆学者在开放获取期刊上发表论文，为学术成果的传播与共享贡献力量。

区域资源共享也是图书馆优化资源配置的有效方式。通过馆际互借、文献传递等服务，图书馆可以与其他图书馆或文献机构建立资源共享联盟，实现优质馆藏资源的共建共享。这种合作模式不仅能够避免资源重复采购，节约经费成本，还能够最大限度地满足读者的多样化需求。对于地方特色资源或珍稀文献，图书馆更应主动寻求交流合作的机会，促进区域乃至全国范围内的资源共享与流通。

在资源获取过程中，图书馆还应重视与读者的互动与沟通。通过问卷调查、读者荐购、借阅数据分析等方式，图书馆可以深入了解读者的信息需求和兴趣偏好，并据此优化资源结构，完善服务策略。此外，面对海量的网络信息，读者的信息素养与甄别能力还有待提升。图书馆应发挥教育职能，积极开展信息素养教育与培训，引导读者正确、高效地获取和利用信息资源。

（三）图书馆资源管理

图书馆资源管理是高校图书馆工作的核心内容，直接关系图书馆服务质量和办馆效益。随着数字技术的迅猛发展和高校教学科研需求的不断提升，传统的图书资源管理模式已经难以适应新形势下的发展要求。因此，创新图书馆资源管理理念和方法，优化资源配置，提高资源利用率，已经成为新时代高校图书馆转型发展的必然选择。

图书馆资源管理的首要任务是加强资源建设的科学规划。图书馆应根据学校的办学定位、学科特色和发展规划，制订长远的文献资源建设规划，明确资源建设的目标、原则和重点。在此基础上，图书馆要不断优化馆藏结构，加大特色资源和专题资源的建设力度，形成具有鲜明特色、满足学校学科发展需求的馆藏体系。同时，要加强对新兴学科和交叉学科的资源保障，主动适应学科调整和研究热点的变化，为教学科研提供全方位的文献支撑。

数字资源已经成为现代图书馆的重要组成部分。面对海量的数字资源，图书馆必须创新管理模式，提高资源组织和揭示的水平。一方面，要加强数字资源的整合与集成，打破不同数据库和平台之间的壁垒，实现跨库检索和统一访问；另一方面，要深入开发数字资源的内容，通过主题标引、知识关联、语义分析等技术，提高资源的查准率和查全率。此外，还要注重数字资源的长期保存，建立健全数字资源存储、迁移、备份等管理制度，确保数字资源的安全与可持续利用。

图书馆资源管理的核心在于为教学科研服务。因此，图书馆要创新服务模式，提供个性化、精准化的资源服务。通过对教师科研项目、学生学习行为等数据的挖掘分析，主动向师生推送相关资源，为其提供学科情报、研究动态等深层次服务。同时，要拓宽资源利用的广度和深度，开展形式多样的资源推广活动，如资源利用培训、学科服务沙龙、经典阅读推广等，引导师生充分利用图书馆资源，提高资源利用率。

图书馆资源管理工作的有效开展，离不开科学规范的管理制度和高素质的馆员队伍。图书馆要根据资源管理工作的特点和要求，建立健全各项规章制度，规范采访、编目、流通等业务流程，提高工作效率和管理水平。同时，要加强馆员队伍建设，提升馆员的专业素养和服务意识。定期开展业务培训和学术交流，鼓励馆员开展资源建设与服务创新研究，不断提升图书馆资源管理工作的整体水平。

二、博物馆和文化遗产的教育功能

（一）博物馆教育活动

博物馆教育活动是中华优秀传统文化教育的重要载体，在传承文明、启迪智慧、陶冶情操等方面发挥着独特作用。随着现代博物馆教育理念的不断深化，博物馆教育活动已经突破了单纯的知识传授和参观游览，呈现出多样化、体验式、互动性的发展趋势。

创新博物馆教育活动形式是提升中华优秀传统文化教育质量的关键所在。传统的博物馆教育活动以讲解为主，学生被动接受，难以调动其学习的主动性和积极性。而创新的博物馆教育活动则强调学生的主体地位，鼓励其通过动手实践、角色扮演、情境模拟等方式，直观感受传统文化的魅力。例如，在民俗博物馆开展“非遗传承”主题活动，邀请非物质文化遗产传承人现场展示技艺，引导学生动手体验，感悟传统工艺的精湛和传承创新的重要性。又如，在历史博物馆开展“穿越时空”教育活动，利用多媒体技术还原历史场景，让学生置身其中，体验不同时代的社会生活，加深对历史发展脉络的理解。这些创新的教育活动不仅能够激发学生的学习兴趣，还能培养其文化自觉和民族自信。

丰富博物馆教育资源是充实中华优秀传统文化教育内涵的有效途径。博物馆馆藏资源是开展教育活动的基础，但仅靠实物展品难以全面、立体地展现中华文明的博大精深。因此，博物馆需要不断丰富教育资源，提供多维度的文化体验。一方面，博物馆可以利用现代信息技术手段，开发虚拟展厅、数字化展品等数字教育资源，突破时空限制，拓宽教育服务的广度和深度；另一方面，博物馆还可以整合社会资源，与学校、社区、文化机构等建立合作，联合开发课程、讲座、工作坊等教育项目，形成资源共享、优势互补的教育合力。例如，博物馆可以与高校合作，发挥高校的学科优势，共同开发融合历史、哲学、艺术等多学科视角的传统文化课程；与中小学合作，将博物馆资源纳入学校教学，开展研学旅行、社会实践等活动，实现文化教育与学校教育的有机衔接。博物馆教育资源的不断丰富，将为中华优秀传统文化教育注入源源不断的活力。

构建博物馆教育活动评价体系是保障中华优秀传统文化教育实效的必然要求。科学完善的评价体系不仅能够帮助博物馆及时发现教育活动中的不足，持续改进教育质量，更能引导学生反思教育收获，内化传统文化内涵。在构建评价体系时，要坚持以育人为本，综合考虑知识、能力、情感等多维目标。评价主体应包括博物馆工作人员、学校教师、学生等多元主体，通过教育过程性评价和总结性评价相结合，定性评价和定量评价相结合，全面客观地评判教育效果。同时，评价不应仅局限于单次活动，而应关注学生传统文化素养的长期积累和内在提升。博物馆可以运用信息化手段，建立学生成长档案，记录学生参与传统文化教育活动的轨迹，评估其文化认同、价值观念等方面的变化，为其提供个性化的学习建议和引导。完善的教育评价体系，能够真正发挥评价的导向作用，推动博物馆教育活动不断迭代升级，为中华优秀传统文化教育的持续深化提供有力支撑。

（二）文化遗产保护教育

文化遗产保护教育是现代博物馆教育的重要内容，对于增强民族文化认同感、传承优秀传统文化具有重要意义。随着社会的不断进步和人们文化需求的日益多样化，博物馆文化遗产保护教育也面临着新的机遇和挑战。深入探讨新形势下博物馆文化遗产保护教育的内涵特征、实施路径，对于创新博物馆教育模式、提升博物馆育人功能具有重要的理论和实践价值。

文化遗产保护教育是以文化遗产为载体，旨在提高公众文化遗产保护意识、传承优秀传统文化的教育活动。它既包括对文物藏品价值、文化遗产保护知识的普及，也涵盖传统文化、民族精神的弘扬。博物馆作为文化遗产的收藏机构和展示平台，在开展文化遗产保护教育方面具有得天独厚的优势。博物馆不仅收藏了丰富的文物藏品，记录了不同历史时期人类文明的发展脉络，还拥有专业的研究、陈列展览、教育推广等部门和人员，为开展高质量的文化遗产保护教育奠定了坚实基础。

新形势下，博物馆文化遗产保护教育呈现出鲜明的时代特征。随着信息技术的迅猛发展，数字化成为文化遗产保护教育的重要手段。博物馆利用数字化采集、存储、展示等技术，将文物藏品数字化，建立数字博物馆，极大地拓宽了文化遗产的传播渠道和影响力。公众可以通过网络平台、数字终端等方式，随时随地欣赏文物藏品，了解文化遗产知识。数字化还为博物馆开发沉浸式、互动性强的文化遗产教育产品提供了技术支撑，为受众带来身临其境的文化体验。

博物馆文化遗产保护教育日益突出参与性和互动性。传统的博物馆教育多以讲解员讲解、参观者被动接受为主，而新形势下，博物馆更加重视调动参观者的主动性，设计参与式、体验式的教育活动。例如，一些博物馆开发了文物修复体验项目，让参观者亲身参与文物修复过程，感受文物保护的专业性和意义；又如，一些博物馆围绕特定主题，组织沙龙论坛、工作坊等互动活动，邀请专家学者、文化工作者与公众面对面交流，共同探讨文化遗产保护的理念和实践。这些参与式教育不仅增强了教育的吸引力，也有利于培养公众文化遗产保护的主人翁意识。

文化遗产保护教育日益强调与社会生活、时代发展的关联性。文化遗产并非凝固的历史符号，而是与当下社会生活息息相关，蕴含着宝贵的智慧和资源。博物馆应立足时代，深入发掘文化遗产的当代价值，将文化遗产保护与生态文明建设、美丽中国建设等国家战略相结合，引导公众以文化遗产为镜鉴，应对当前的社会问题和未来挑战。例如，面对日益严峻的环境问题，博物馆可以梳理传统生态智慧，开展以“天人合一”为主题的文化遗产教育，引导公众反思人与自然的关系，树立尊重自然、顺应自然的生态理念。

博物馆还应注重发挥文化遗产教育在促进多元文化交流、增进民族团结方面的独特作用。在全球化时代，不同国家、民族间的文化交流日益频繁，博物馆应主动搭建文明对话平台，通过举办国际展览、学术研讨等活动，促进不同文化间的互鉴与共享。同时，我国是一个多民族国家，博物馆应充分挖掘少数民族文化遗产资源，讲好民族文化故事，增进各民族交往交流交融，铸牢中华民族共同体意识。

（三）博物馆与学校合作

博物馆作为传承人类文明、展示历史文化的重要场所，在中华优秀传统文化教育中发挥着不可替代的作用。然而，传统的博物馆教育模式往往以展览参观为主，学生被动地接受知识，缺乏互动和体验的机会。这种模式难以充分调动学生的学习兴趣，也无法实现博物馆教育资源的最优化利用。因此，创新博物馆与学校的合作模式，开展多样化的教育活动，已经成为新时代背景下推进中华优秀传统文化教育的必然选择。

构建互动式学习平台是深化博物馆与学校合作的重要途径。传统的博物馆参观大多采取“讲解员讲，学生听”的被动式教学模式，学生很难真正融入其中，更谈不上主动探索和体验。为了突破这一局限，博物馆可以利用现代信息技术，开发虚拟现实、增强现实等互动式学习平台，为学生提供沉浸式的文化体验。例如，故宫博物院开发的“故宫展览”App，不仅提供了丰富的文物信息和虚拟展厅，还设置了“我的收藏”“知识问答”等互动功能，使学生能够根据自己的兴趣自主探索，获得个性化的学习体验。这种互动式学习平台的建立，不仅能够激发学生的好奇心和探究欲，更能促进其主动思考，加深对中华优秀传统文化的理解和认同。

开展实践活动是提升博物馆教育吸引力的有效方式。博物馆蕴含着丰富的历史文化资源，但如何将这些静态的文物变为鲜活的教育内容，让学生产生共鸣，是一个值得深思的问题。对此，博物馆可以联合学校，围绕特定主题开展系列教育活动，如专题讲座、创意比赛等。以中国国家博物馆为例，该馆曾与多所中小学合作，开展“寻找国宝”等活动。活动中，学生在讲解员的引导下，通过观察、思考、讨论等方式，探寻馆藏国宝背后的历史故事，感悟先人的智慧结晶。这种寓教于乐的主题活动，不仅拉近了学生与文物的距离，也让博物馆的文化价值得以生动呈现。

协同开发校本课程是深化博物馆与学校合作的必然要求。在中华优秀传统文化教育中，博物馆不应只扮演参观场所的角色，更应成为学校开展文化课程的重要平台。为了实现这一目标，博物馆可以与学校携手，依托馆藏资源，共同开发具有地域特色、富有教育内涵的校本课程。以河南博物院为例，该馆与郑州市多所中小学合作，开发了《博物馆里的中原文明》校本课程。课程以河南博物院的馆藏文物为基础，结合河南的历史文化特点，设计了一系列生动有趣的教学活动。学生通过参与这些活动，不仅能够直观地感受中原文化的博大精深，更能加深对家乡历史的理解和认同感。这种因地制宜的校本课程开发模式，为博物馆教育资源的校本化应用提供了富有启示的范例。只有立足本土，发挥自身优势，博物馆才能真正融入中华优秀传统文化教育的大格局，实现教育功能的最大化。

三、社区文化活动的参与

（一）社区文化活动类型

社区文化活动是指在社区范围内开展的各种文化教育、艺术娱乐、体育健身等活动，旨在丰富居民的精神文化生活，培育社区凝聚力和向心力，促进社区的和谐发展。从类型上看，社区文化活动主要包括以下几种。

一是社区教育类活动。这类活动以提高居民的文化素质和生活技能为目的，形式多样，内容丰富。比如，开办社区大讲堂，邀请专家学者讲解历史文化、科学技术等知识；举办社区培训班，教授居民烹饪、插花、摄影等实用技能；组织亲子阅读活动，引导家长和孩子共同品味经典名著的魅力。通过这些活动，不仅能够满足居民的学习需求，还能营造崇尚知识、热爱学习的社区文化氛围。

二是社区艺术类活动。艺术是凝聚社区情感、陶冶居民情操的重要载体。许多社区成立了业余文艺团体，如合唱团、舞蹈队、戏剧社等，定期开展排练和汇报演出。一些社区还利用重要节日和纪念日，举办各种文艺晚会、音乐会、书画展等，让居民在艺术的熏陶中放松身心、愉悦情绪。此外，组织居民参与公共艺术创作，如壁画绘制、雕塑设计等，也是凝聚社区力量、美化社区环境的有效方式。

三是社区体育类活动。体育运动不仅能强身健体，还能培养居民的集体主义精神和竞争意识。许多社区定期举办球类比赛、田径赛事、趣味运动会等，吸引不同年龄段的居民积极参与。一些传统民族体育项目，如太极拳、剑术等，也在社区中广受欢迎。通过开展形式多样的体育活动，可以促进邻里交流，增进居民友谊，营造健康向上、充满活力的社区氛围。

四是社区节庆类活动。重大节日和纪念日是加强社区文化建设、凝聚居民情感的重要契机。许多社区会在春节、元宵、端午、中秋等传统节日开展丰富多彩的庆祝活动，如猜灯谜、包粽子、赏月等，让居民在欢声笑语中感受传统文化的魅力。在重要纪念日，如建党节、建军节等，社区也会组织主题鲜明的纪念活动，开展党史国史教育，引导居民铭记历史、珍惜现在、开创未来。

五是社区公益类活动。社区是培育居民奉献意识、践行社会主义核心价值观的重要平台。许多社区定期组织无偿献血、义务植树、慰问孤寡老人等公益活动，号召居民奉献爱心、回馈社会。一些社区还成立了志愿服务队，组织居民参与社区治理、环境保护、文明引导等工作，用实际行动传递正能量、展现大爱情怀。通过参与公益活动，居民的社会责任感和道德意识得到提升，社区的文明程度和正义力量也不断增强。

（二）社区文化活动组织

社区文化活动的有效组织是社区教育和社区建设的重要内容。社区文化活动不仅能丰富居民的精神文化生活，还能增强社区的凝聚力和向心力，促进社区和谐稳定发展。组织好社区文化活动，需要社区工作者在活动类型、组织方式、影响效果等方面进行精心设计和周密安排。

社区文化活动的类型多种多样，包括文艺演出、体育比赛、知识讲座、公益服务等。不同类型的活动可以满足社区居民多层次、多样化的精神文化需求。在设计活动类型时，社区工作者要充分考虑居民的年龄结构、文化程度、兴趣爱好等因素，力求做到“老少皆宜、雅俗共赏”。同时，还要紧密结合社区的历史文化传统和时代发展特点，设计具有社区特色、契合时代主题的文化活动。只有推出“接地气”又“有高度”的活动，才能吸引更多居民积极参与其中。

组织社区文化活动，需要发动社区各方力量广泛参与。一方面，社区工作者要充分调动社区党组织、居民委员会、业主委员会等自治组织的积极性，发挥其组织动员和服务管理职能；另一方面，要积极引导和支持社区内的文体团体、志愿者团队等社会组织参与活动组织，发挥其专业特长和资源优势。通过自治组织与社会组织的通力合作，可以形成齐抓共管、多元互动的社区文化活动组织格局，提升活动的专业性和参与度。

为了扩大社区文化活动的影响，提高居民的参与热情，社区工作者还要注重活动的宣传发动和氛围营造。利用社区宣传栏、微信公众号、居民小组会等多种渠道，及时发布活动信息，解读活动内涵，提前制造声势。在活动现场，要精心布置环境，合理安排流程，通过一系列具备仪式感的设计，激发居民的参与热情。活动结束后，还要及时总结经验，表彰先进，利用图文、视频等形式呈现活动盛况，扩大活动影响，为下一次活动预热。

社区文化活动的成功举办，最终要以居民的获得感和满意度来检验。组织活动过程中，社区工作者要坚持以人民为中心的发展思想，多听取居民的意见建议，及时回应居民的关切诉求，力求使每一次活动都成为凝聚人心、造福居民的民心工程。同时，还要高度重视活动的社会效益，引导居民在参与活动中培育社区归属感、树立文明新风，推动形成积极向上、互帮互助的良好社区文化。

（三）社区文化活动的影响

社区文化活动对于传承和弘扬中华优秀传统文化具有重要意义。通过开展丰富多彩的社区文化活动，可以让广大居民，尤其是青少年，在潜移默化中接受传统文化的熏陶，增强文化认同感和民族自豪感。

社区文化活动能够创造生动鲜活的传统文化体验。与博物馆、图书馆等正式的教育场所不同，社区文化活动更加灵活多样，能够贴近居民的日常生活。通过组织传统节日庆祝、民俗风情展示、非遗技艺体验等活动，社区居民能够直观地感受传统文化的魅力，在参与互动中加深对传统文化的理解和喜爱。这种沉浸式的文化体验，比单纯的知识灌输更能引发情感共鸣，培养居民的文化自觉和文化自信。

社区文化活动有助于促进传统文化的创新发展。优秀传统文化是一个民族宝贵的精神财富，但要真正焕发生命力，必须与当代社会生活相结合，以现代人喜闻乐见的方式呈现。社区文化活动为传统文化注入新的时代内涵提供了广阔舞台。通过举办创意手工市集、戏曲元素角色扮演大赛、传统技艺创新大赛等活动，社区居民尤其是青少年能够发挥创造力，用新颖独特的视角诠释传统文化，让传统文化在创新中焕发勃勃生机。这种文化创新不仅能够提升传统文化的吸引力，更能激发居民探索传统文化、传承发展传统文化的热情。

社区文化活动能够凝聚社区居民的向心力。以优秀传统文化为纽带，通过共同参与社区文化活动，社区居民的归属感和认同感得到增强。在筹备节庆活动、排练文艺节目的过程中，不同年龄、不同背景的居民携手合作，相互欣赏，建立起紧密的情感联结。社区文化活动成为居民交流互动的重要平台，有利于促进邻里和谐，提升社区凝聚力。而且，优秀传统文化中蕴含的仁爱、礼让、诚信等价值理念，也在社区文化活动中得到弘扬，成为引领社区文明风尚的精神力量。

四、社会实践基地的建设与应用

（一）社会实践基地的设施

社会实践基地的设施建设是实现中华优秀传统文化教育目标的重要保障。

一个完善的社会实践基地应该具备多功能、开放性和互动性的特点，能够为学生提供沉浸式的传统文化体验。在硬件设施方面，社会实践基地应合理布局，配备必要的教学设备和文化展示空间。传统文化教室、非物质文化遗产工坊、戏曲舞台等专业化场地的建设，可以为学生提供动手实践、现场感受传统文化魅力的机会。同时，数字化展示系统、互动体验平台等现代化设施的引入，能够增强传统文化教育的时代感和吸引力，激发学生的学习兴趣。

社会实践基地的设施建设还应注重人文环境的营造。优秀传统文化蕴含着丰富的价值理念和道德规范，需要在潜移默化中影响学生的思想和行为。因此，社会实践基地的环境布置应体现传统文化的精髓，如校训楹联、古典园林、历史文物陈列等，使学生在耳濡目染中感悟中华文化的博大精深。同时，邀请非遗传承人、戏曲艺术家等文化能人进驻基地，开展面对面的交流和指导，能够拉近学生与传统文化的距离，提升其文化认同感和自豪感。

社会实践基地的设施建设还应体现开放性和共享性。传统文化是全民族的宝贵财富，需要全社会的共同参与和传承。因此，社会实践基地不应是一座“孤岛”，而应主动对外开放，吸引更多社会力量参与传统文化教育。通过与博物馆、图书馆、文化馆等机构合作，整合社会资源，建立资源共享机制，社会实践基地能够不断拓展功能，提升服务水平。同时，面向社区开放，定期举办公益性文化活动，也能扩大基地的社会影响力，促进优秀传统文化的广泛传播。

（二）社会实践基地的管理

社会实践基地的有效管理是确保实践教学质量、实现育人目标的关键所在。为了充分发挥社会实践基地在中华优秀传统文化教育中的重要作用，我们必须立足基地自身特点，遵循教育教学规律，创新管理模式，优化管理机制，推动基地管理科学化、规范化、制度化。

管理目标的明确化是社会实践基地管理的首要前提。基地管理者应深入学习领会党和国家关于加强中华优秀传统文化教育的方针政策，将立德树人作为根本任务，将弘扬和传承中华优秀传统文化作为重要使命，并结合基地自身条件和特色，制定切实可行的管理目标。这些目标应包括提升学生传统文化素养、增强文化自信、涵养爱国主义情怀等方面，同时还要体现基地在人才培养、社会服务、文化传承创新等方面的育人功能。只有目标明确，管理工作才能有的放矢，基地的作用才能充分彰显。

管理制度的完善化是社会实践基地管理的重要保障。为确保管理工作有章可循，基地应根据自身实际，制定一系列规章制度，明确各项工作的程序、标准和要求。这些制度应涵盖实践教学、安全管理、服务保障等各个方面，既要体现中华优秀传统文化教育的特点，又要符合教育教学规律和青年学生成长发展需要。同时，还要建立健全责任分工机制，明确各部门、各岗位的职责权限，确保管理责任落实到人。完善的管理制度能够保证基地工作有序开展，是提升管理水平的重要支撑。

管理方式的多元化是社会实践基地管理的有效途径。面对新时代中华优秀传统文化教育的新要求，基地管理应主动适应变革、勇于开拓创新，积极探索行之有效的管理新方式。一方面，要创新实践教学方法，充分利用现代信息技术手段，开发体验式、互动式、项目式等多样化实践课程，增强教育教学的吸引力和感染力；另一方面，要拓展基地功能，积极开展传统文化体验、非遗传承、创新创业等特色项目，将基地打造成传承创新优秀传统文化的重要平台。此外，还要加强与地方政府、学校、企业等各方合作，整合社会资源，实现优势互补、资源共享，不断提升基地管理和服务水平。

管理评价的科学化是社会实践基地管理的必然要求。建立完善的评价体系是推动基地管理不断改进完善的重要抓手。一方面，要加强教学评价，建立健全学生实践能力考核标准，把学生在实践中的表现、收获作为重要考核内容，引导学生珍惜实践机会、提高实践能力；另一方面，要注重满意度评价，通过问卷调查、访谈座谈等方式，广泛听取学生、教师、管理者和服务对象的意见建议，全面了解实践教学、管理服务等工作成效，查找不足，持续改进。同时，还应该加强阶段性评估和总结，客观分析基地发展中存在的问题和面临的挑战，探索解决方案，推动管理工作再上新台阶。

第四章　中华优秀传统文化教育的教学模式创新

第一节　问题导向教学模式

一、问题导向教学模式的基本概念

（一）定义与内涵

问题导向教学模式是一种以学生为中心、以问题为导向的教学范式。与传统的“填鸭式”教学不同，问题导向教学模式强调学生在解决真实问题的过程中主动构建知识、培养能力。在这一模式下，教师不再是知识的权威传授者，而是学生学习的引导者和促进者。学生则从被动的知识接受者转变为主动的问题探究者和知识建构者。

问题导向教学模式的理论基础可以追溯到建构主义学习理论。建构主义认为，知识不是简单地从外界获得，而是学习者在原有经验的基础上，通过与环境的相互作用而主动建构的。学习的本质是学习者根据自身经验，对外部信息进行主动选择、加工和改造，从而形成自己的认知结构。因此，建构主义学习理论强调学习应该在真实情境中进行，学习者要通过主动探索、协作交流等方式来构建知识。

问题导向教学模式正是对建构主义学习理论的教学实践。在这一模式中，教师精心设计与现实生活密切相关的问题情境，学生则围绕问题开展自主探究和协作学习。通过分析问题、提出假设、收集资料、验证结论等一系列环节，学生在解决问题的过程中逐步建构起关于所学知识的认知结构。这一过程不仅促进了学生对知识的理解和掌握，更重要的是培养了学生分析问题、解决问题的能力，以及自主学习、团队协作等关键能力。

从内涵上看，问题导向教学模式具有以下几个关键要素：一是以学生为中心，充分尊重学生的主体地位，调动学生学习的主动性和积极性；二是以问题为导向，通过设置真实的问题情境，引导学生开展探究性学习；三是重视自主学习，鼓励学生独立思考、主动探索，培养其自主学习能力；四是强调协作交流，通过小组合作、师生互动等方式，促进学生在交流中共同提高。

（二）理论基础

问题导向教学模式的理论基础可以追溯到建构主义学习理论。建构主义认为，知识不是简单地从外界获得，而是学习者在特定情境下，基于原有知识和经验，通过主动构建而形成的。问题导向教学模式正是对建构主义理论的具体实践。在问题导向教学中，教师选取能够激发学生兴趣、具有适度挑战性的问题情境，引导学生通过小组合作、自主探究等方式来分析问题、提出假设、收集资料、验证结论，从而实现对知识的主动建构。这一过程突出了学生的主体地位，教师则充当学习的引导者和促进者。学生不再是被动地接受知识，而是在探究问题的过程中，调动已有的认知结构，通过同伴互助、师生互动等方式，实现对知识的内化和迁移。

认知学习理论也为问题导向教学模式提供了理论支撑。认知学习理论关注学习者的内部心理过程，强调学习是一个主动的信息加工过程。根据认知学习理论，有效的学习应该是以问题为导向，激活学习者的先备知识，引导其主动进行信息的选择、组织和整合。问题导向教学模式恰恰体现了这一理念。通过设置真实的问题情境，学生的已有知识和经验被激活，成为解决问题的认知基础。在探究问题的过程中，学生需要主动收集、筛选和组织相关信息，将其与原有的认知结构相联系，构建起完整的知识网络。这种以问题为中心的学习方式，有利于促进学生深层次的理解和高层次能力的培养。

发现学习理论也为问题导向教学模式奠定了理论基础。发现学习理论强调学习应该是一个主动探索、独立发现的过程。布鲁纳指出，学习的最佳途径不是被告知答案，而是通过探究活动自己去发现答案。在问题导向教学中，教师为学生创设探究的情境和机会，鼓励学生自主提出问题、分析问题，并运用多种策略和资源寻求解决方案。这种发现式的学习过程，不仅能够激发学生的好奇心和求知欲，更能培养其批判性思维和创新能力。通过发现学习，学生能够掌握探究的方法，养成独立思考的习惯，为未来的学习和发展奠定坚实基础。

人本主义学习理论也对问题导向教学模式产生了重要影响。人本主义学习理论关注学习者的内在需要和情感体验，强调创设宽松、民主的教学氛围，充分尊重学生的个体差异，激发其内在的学习动机。问题导向教学模式注重营造开放、平等的学习环境，鼓励学生表达观点、交流思想，在合作探究中实现个性化发展。教师关注每一个学生的需求和进步，给予积极的情感支持和引导，帮助学生建立自信、保持学习热情。这种以人为本的教学理念，有利于学生形成积极向上的自我概念和价值观，促进其身心的全面健康发展。

二、问题导向教学模式的实施步骤

（一）问题设计

问题设计是问题导向教学模式实施的关键环节，它直接决定了教学活动的质量和效果。在中华优秀传统文化教育中，教师应该精心设计富有挑战性、趣味性和针对性的问题情境，引导学生主动探究、深入思考，从而实现知识的内化和能力的提升。

问题设计首先要体现学科特点和教学目标。中华优秀传统文化蕴含着丰富的人文内涵和道德智慧，涉及文学、历史、哲学等多个领域。因此，教师在设计问题时，要立足传统文化的内在逻辑，突出其思想精髓和核心价值，引导学生领悟中华民族的精神追求和道德理想。同时，问题设计还要紧扣课程标准和教学目标，聚焦学生的知识、能力、情感等多维度发展，促进其人文素养和文化自信的提升。

问题设计要符合学生的认知特点和学习需求。中华优秀传统文化博大精深，许多内容对于当代学生来说较为抽象和晦涩。因此，教师要充分考虑学生的认知基础和接受能力，将高深的文化内涵转化为通俗易懂的问题，设置恰当的认知冲突和思维障碍，激发学生的好奇心和探究欲。同时，问题情境还要贴近学生的生活实际，与其切身体验相联系，增强学习的现实感和获得感。只有这样，学生才能产生情感共鸣，主动投入探究活动。

问题设计要体现开放性和层次性。开放性是指问题情境应该为学生提供广阔的探究空间，鼓励其从不同角度、不同层面分析问题、解决问题。这就要求教师在设计问题时，要突破唯一答案的局限，为学生的个性化表达和创造性思维留出余地。层次性则是指问题难度应该由浅入深、循序渐进，既要满足不同学生的需求，又要促进每个学生在原有水平上获得进步。为此，教师可以设置必答题和选答题、基础题和拓展题，形成梯度鲜明、富有弹性的问题序列。

问题设计还要注重过程性和协作性。在问题导向教学中，探究过程本身就是一种宝贵的学习经历。教师要通过问题设置，引导学生掌握科学的探究方法，养成严谨的思维习惯，体验探究的艰辛和乐趣。同时，教师还要重视协作学习，鼓励学生通过小组讨论、分工合作等方式共同探究问题。在这一过程中，学生不仅能够互相启发、取长补短，还能培养团队意识和沟通能力，为未来的社会生活奠定基础。

（二）学生分组

学生分组是问题导向教学模式实施过程中的关键环节之一。科学合理的分组不仅能够为学生创设良好的协作学习环境，更有利于发挥每个学生的特长，提高学习效率。在中华优秀传统文化教育的实践中，教师应根据教学内容和学生特点，灵活运用多种分组策略，促进学生主动参与、积极思考，最终实现教学目标。

异质分组是问题导向教学中常用的一种分组方式。所谓异质分组，是指将不同学习能力、个性特点的学生编入同一小组，使小组成员在学习风格、知识基础等方面呈现多样化。这种分组方式的优势在于，能够促进学生之间的互帮互助，发挥每个学生的特长。学习能力较强的学生可以帮助其他成员理解和掌握学习内容，而基础较弱的学生也能在合作中得到锻炼和提高。同时，在讨论交流的过程中，不同观点和思路的碰撞能够激发学生的创新思维，拓宽解决问题的视角。

异质分组也对教师的组织管理能力提出了更高要求。教师需要充分了解每个学生的特点，合理搭配人员构成，并适时给予指导和干预，调动所有学生参与的积极性。比如，在小组讨论阶段，教师可以为每个学生分配明确的角色和任务，如组长、记录员、报告人等，确保人人都能够积极参与、各展所长。

同质分组则是将学习能力、兴趣爱好相近的学生编入同一小组。这种分组模式适用于难度较大或需要特定能力的学习任务。学生在志趣相投、基础相近的小组中，更容易产生共鸣，激发学习热情。同时，面对程度相当的同伴，学生往往能够畅所欲言、积极思考，从而取得较好的学习效果。

无论采取何种分组策略，教师都要充分体现以学生为中心的教学理念，关注每一个学生的发展需求。要鼓励学生在小组协作中勇于表达自己的观点，尊重并包容不同意见，形成平等、民主、和谐的讨论氛围。同时，教师也要跟踪观察小组讨论的进程，适时给予启发引导，帮助学生厘清思路、拓宽视野。

（三）资料收集

资料收集是问题导向教学模式中至关重要的环节，它直接影响着学生对问题的理解深度和解决方案的完善程度。在这一过程中，教师需要充分发挥引导者和协助者的角色，帮助学生有效获取、筛选和整合与问题相关的信息资源。

教师应该指导学生明确资料收集的目标和范围。面对海量的信息资源，学生往往难以抓住重点，容易迷失方向。教师可以根据问题的性质和难度，为学生划定资料收集的大致范围，提供一些权威、可靠的信息源，如专业书籍、学术期刊、官方网站等。同时，教师还要提醒学生关注资料的时效性和针对性，避免过于宽泛或陈旧的信息干扰问题解决的进程。

教师需要培养学生的信息素养，提高其甄别、分析信息的能力。在互联网时代，虚假信息和低质信息泛滥，学生很容易被表面现象迷惑，做出错误判断。因此，教师应该通过案例分析、情境模拟等方式，帮助学生掌握识别信息真伪、判断信息质量的基本方法。例如，教师可以设计一些情境题，要求学生从多个信息源中筛选出与问题相关的核心信息，并对其可靠性进行论证。通过这样的训练，学生的信息辨识能力和批判性思维能力都能得到提升。

教师要引导学生对收集到的资料进行整合和深加工。单纯的资料堆砌并不能真正促进问题的解决，关键在于对信息进行加工、重组和内化。教师可以要求学生用思维导图、表格等形式对资料进行梳理，厘清不同信息之间的逻辑关系。同时，鼓励学生结合自己的知识和经验，对资料内容进行分析和评价，形成自己的见解。在这个过程中，学生的知识体系会不断重构，问题意识也会随之深化。

资料收集应该是一个开放、动态的过程。问题导向学习并非一蹴而就，而是在不断地探索和反思中渐进完善的。因此，教师要为学生营造宽松的学习氛围，鼓励其广泛涉猎，主动吸收各方面的信息。同时，要引导学生保持开放心态，善于从不同的视角审视问题，通过交流讨论不断修正、完善自己的想法。只有这样，学生的视野才能真正开阔，思维才能真正活跃起来。

（四）结果展示

在问题导向教学模式中，结果展示是一个至关重要的环节。它不仅是学生学习成果的集中呈现，更是教师评价教学效果、反思教学策略的重要依据。通过结果展示，学生能够全面梳理和总结自己在探究过程中获得的知识、技能与情感体验，加深对所学内容的理解和内化。同时，结果展示也为学生提供了一个相互学习、相互启发的平台，促进了集体智慧的生成和碰撞。

结果展示的形式可以多种多样，如口头报告、实物展示、多媒体演示等。

教师应根据学生特点和课程内容，灵活选择恰当的展示方式。无论采取何种形式，教师都应鼓励学生创新表达，突出个性特色。例如，在展示中华传统美德的教学单元中，学生可以通过情景剧、诗歌朗诵、书法作品等艺术形式，生动形象地呈现中华文化的独特魅力。这不仅能够激发学生的创造力和想象力，更能够引导其深刻领悟传统美德的精髓。

在组织结果展示时，教师应注重营造民主、平等、包容的氛围。要尊重每一位学生的展览作品，给予积极的鼓励和中肯的点评。对于学生在探究过程中遇到的困难和存在的不足，教师要以发展的眼光看待，耐心引导，帮助其找到改进的方向。只有在宽松、和谐的环境中，学生才能放下包袱，全身心投入展示活动，充分展现自己的学习成果。

评价结果展示的标准应该是多元的，既要关注知识的掌握程度，也要重视能力的提升和情感态度的变化。教师可以设计评价量规，从内容的准确性、逻辑的严密性、表达的流畅性等维度进行考查。同时，教师还应引导学生开展自评和互评，培养其自主学习的能力和批判性思维。通过多方参与的评价过程，学生能够全面认识自己的优势和不足，明确后续学习的努力方向。

此外，教师还应善于捕捉结果展示中的闪光点，及时进行点拨和升华。学生在探究过程中常常会有独特的发现和创见，教师要敏锐地识别这些智慧的火花，并通过引导和梳理，帮助学生系统化、条理化，使其上升为对教学主题更深刻、更全面的认识。这不仅能够极大地激励学生的探究热情，也能使教学内容更加丰富多彩、更加贴近学生的生活实际。

三、问题导向教学模式的教学策略

（一）引导式提问

在问题导向教学模式中，引导式提问是一种至关重要的教学策略。它不同于传统的填鸭式教学，更加注重激发学生的思考，引导他们主动探索和构建知识。通过精心设计的问题情境，教师能够调动学生已有的认知经验，帮助他们在原有知识基础上形成新的理解和认识。

具体而言，引导式提问要遵循学生认知发展规律，根据教学内容的难易程度和学生的接受能力，设计不同层次、不同类型的问题。在问题设置上，要注重开放性和发散性，鼓励学生从多角度、多层面思考问题。同时，问题也要具有挑战性，略高于学生现有的认知水平，以拉动其思维发展的最近发展区。在问题呈现上，教师要采用启发诱导的方式，循序渐进地引导学生探究问题的来龙去脉，体验发现真理的过程。

引导式提问的实施需要把握以下几点：一是设疑导思，通过悬念设置和问题抛出激发学生的好奇心和求知欲；二是因材施问，根据学生的个体差异进行分层提问，体现教学的针对性；三是循循善诱，对学生的回答进行启发引导，引领思维不断深入；四是鼓励质疑，营造民主平等的课堂氛围，支持学生提出自己的见解和疑惑；五是即时反馈，对学生的表现给予积极的评价，帮助其巩固知识技能，增强学习信心。

引导式提问策略能够发展学生的逻辑思维和批判性思维能力。在问题探究过程中，学生需要分析问题的前因后果，推理论证自己的观点，这有助于提升其深度思考和论证说理的能力。引导式提问有利于增强学生的学习主动性和参与度。面对富有吸引力和挑战性的问题，学生往往会表现出浓厚的兴趣，积极投入探究过程。这种策略能够促进师生互动和生生互动。通过有效的提问，教师可以及时把握学生的学习状态，调整教学策略；同时，学生之间也能通过讨论交流，加深彼此间的理解。

（二）协作学习

协作学习是问题导向教学模式中的重要策略之一。在协作学习中，学生需要通过小组合作的方式，共同探讨和解决问题，实现知识的内化和能力的提升。这一过程不仅有助于加深学生对知识的理解，更能培养其团队意识、沟通表达能力等关键素养。

为了有效开展协作学习，教师首先需要根据教学内容和学生特点，合理划分学习小组。小组成员应该具有一定的异质性，以便促进不同观点的碰撞和交流。同时，小组规模不宜过大，一般以 4～6 人为宜，既能保证讨论的深度，又能兼顾每个成员的参与度。

在协作学习过程中，教师要为学生创设开放、平等的讨论氛围，鼓励其畅所欲言、各抒己见。教师可以提供一些讨论提纲或思考问题，引导学生围绕核心问题展开探究。在讨论过程中，教师要适时参与，启发学生思考，促进观点的深化，但不应过多干预，以免抑制学生的主动性和创造性。

协作学习的关键在于促进学生之间的互动与交流。为此，教师可以设计一些小组任务，如问题讨论、案例分析、实践操作等，让学生在合作中相互启发、共同进步。在完成任务的过程中，学生不仅能够加深对知识的理解，还能提升表达沟通、团队协作等关键能力。

评价反馈是协作学习不可或缺的环节。教师要客观评价每个小组的表现，肯定其优点，指出不足，以促进学生反思和改进。评价不应局限于结果，更要关注过程，重视学生在探究中的主动参与和创新表现。同时，教师还要引导学生开展自评和互评，学会欣赏他人，反思自我，在相互学习中共同进步。

教师还可以利用信息技术手段，为学生搭建网络协作平台，拓展协作学习的时间和空间。学生可以通过平台分享资料、交流心得、开展讨论，实现跨时空的协作与互动。这种方式不仅能够增加学习的灵活性，更能激发学生的学习兴趣，促进自主探究。

协作学习作为一种有效的教学策略，在中华优秀传统文化教育中大有可为。传统文化内容博大精深，需要学生通过互动交流、共同探究来深化理解和感悟。同时，协作学习也与中华民族崇尚团结协作的优秀品质相契合。在协作中，学生不仅能够感受祖先的智慧结晶，更能传承和发扬中华民族的优秀传统。

四、问题导向教学模式的优势分析

（一）提升学生自主学习能力

问题导向教学模式的运用，对于促进学生自主学习能力的提升具有重要意义。在这一教学模式中，学生不再是被动的知识接受者，而是主动的探究者和构建者。面对具有挑战性的问题情境，学生需要调动已有知识和经验，提出解决问题的思路和方案，并在实践中不断修正和完善。这一过程不仅深化了学生对知识的理解，更锻炼了其分析问题、解决问题的能力。

问题导向教学模式赋予了学生更多的自主权和选择权。在确定研究主题、收集资料、设计实验等环节，学生可以根据自己的兴趣爱好和认知特点，采取不同的学习策略和方法。这种自主性一方面增强了学生的学习动机，激发了其探究欲望；另一方面也培养了学生的自我管理能力，使其逐步掌握了制订计划、分配时间、评估效果等自主学习的基本技能。久而久之，学生的学习将不再依赖教师的“传授”，而是建立在内在动力的基础之上，从而实现学习方式的根本转变。

在问题导向教学模式中，教师从“知识的传播者”转变为“学习的引导者”。教师不再是简单地向学生灌输现成的答案，而是通过精心设计问题情境，引导学生主动思考和探究。在这一过程中，教师既要为学生提供必要的学习支持和指导，如介绍相关资源、示范研究方法、提供及时反馈等，又要充分尊重学生的主体地位，鼓励其大胆质疑、勇于创新。这种师生互动模式有利于建立平等、民主的师生关系，为学生的自主学习创造良好的外部环境。

问题导向教学模式还注重学生在同伴互动中的自主学习。在小组合作探究的过程中，学生通过头脑风暴、思维碰撞，共同推进问题的解决。组内成员之间的观点交流、经验分享，不仅拓宽了个体的思路，也锻炼了学生的表达能力和团队协作意识。而组间的交流展示，又为学生提供了相互学习、取长补短的机会。在同伴互助中，学生的社会交往能力、批判性思维等关键能力也得到了培养和提升。

（二）促进团队合作

问题导向教学模式在促进学生团队合作方面具有独特优势。通过设计富有挑战性的问题情境，这一教学模式为学生创造了相互协作、互帮互助的机会。在小组讨论和任务完成的过程中，学生需要充分交流彼此的想法，分享各自的知识和经验，从而建立起紧密的合作关系。这种团队协作不仅有助于问题的有效解决，更能培养学生的沟通表达能力、组织协调能力和集体主义精神。

具体而言，问题导向教学模式通过巧妙的分组设计，使不同学习风格、知识背景的学生聚集在一起，形成互补性强、优势互补的学习共同体。在这一过程中，学习成绩优异的学生可以帮助基础较弱的同学理解和掌握重点知识；思维活跃的学生则能带动小组成员积极展开头脑风暴，激发创新思维的碰撞。这种异质分组不仅拓宽了学生的视野，也为其提供了相互学习、共同进步的平台。

问题导向教学模式还能有效促进学生的角色互换和责任共担。在团队协作过程中，每个学生都有机会扮演领导者、执行者、监督者等不同角色。这就要求学生学会站在他人角度思考问题，体谅彼此的难处，共同承担起小组任务的完成责任。而当面临分歧和矛盾时，学生还需要运用民主决策、柔性沟通等方法化解分歧、凝聚共识，最终形成团结协作、互惠共赢的良好局面。

问题导向教学模式中的展示汇报环节也是锻炼学生团队意识的重要途径。在准备汇报材料的过程中，小组成员需要集思广益，发挥各自所长。有的学生擅长文字表达，可以负责撰写汇报提纲；有的学生具备出色的口头表达能力，则可担任汇报代表；有的学生拥有较强的领导才能，能够统筹协调各项任务的开展。正是通过分工协作、优势互补，学生才能以小组为单位向师生呈现优质的学习成果，体现团队的凝聚力和创造力。

第二节　项目学习教学模式

一、项目学习的基本概念

（一）项目学习的定义

项目学习是一种以学生为中心的教学模式，它强调在真实情境中通过探究性学习活动来促进学生的主动学习和能力发展。与传统的以教师为中心、注重知识传授的教学方式不同，项目学习更加关注学生在学习过程中的体验和收获，力求培养学生解决实际问题的综合能力。

项目学习的理念源于杜威等教育家的探究学习理论。他们认为，学习不应局限于课堂和书本，而应走向生活，关注现实问题。学生在探究真实世界的过程中，不仅能够获得知识和技能，更能形成批判性思维、创新意识等关键能力。这一理念在 20 世纪 90 年代得到进一步发展，并逐渐形成了系统的项目学习教学模式。

从本质上说，项目学习是一种基于问题、以任务为驱动的学习方式。在项目学习中，教师和学生共同围绕一个主题或问题开展探究活动。这个主题应该源于学生的生活经验和兴趣，具有一定的开放性和挑战性，能够引发学生的好奇心和求知欲。围绕主题，教师设计一系列的学习任务和活动，引导学生自主或协作地完成项目。在这一过程中，学生需要运用已有知识，通过查阅资料、实地考察、小组讨论等方式获取新知，并将其应用于问题的分析和解决中。

与传统教学相比，项目学习具有以下三个显著特点。一是它强调学生的主体地位和自主性。在项目学习中，学生不再是被动的知识接受者，而是学习的主人。他们需要根据项目要求，主动确定学习目标，制订计划，分配任务，评估过程，调整策略。这种自主学习的经历，不仅能够提高学生的学习效率，更能培养其自我管理、自我监控的能力。二是项目学习注重理论与实践的结合。

与纸上谈兵式的知识灌输不同，项目学习要求学生在实践中学习，在行动中思考。通过亲身体验和动手操作，学生能够更深刻地理解所学知识，领悟其中的道理和规律。三是项目学习突出协作探究和交流互动。在完成项目任务的过程中，学生需要与他人合作，分享资源，交流心得，碰撞观点。这种协作式的学习方式，不仅能够拓宽学生的知识视野，更能提升其沟通表达、团队协作等社会性能力。

（二）项目学习的特点

项目学习作为一种创新性的教学模式，其独特的特点使其在中华优秀传统文化教育中具有重要的应用价值。项目学习以真实情境为基础，强调学生的主动参与和探究性学习，这与传统文化教育中注重体验和内化的理念不谋而合。在项目学习过程中，学生需要运用已有知识和技能，通过小组协作、自主探究等方式，解决与传统文化相关的真实问题。这一过程不仅能够加深学生对传统文化知识的理解和掌握，更能培养其文化传承意识和家国情怀。

项目学习的整合性特点在传统文化教育中得到了充分体现。传统文化博大精深，涵盖了文学、历史、哲学、艺术等多个领域。在项目学习中，学生需要综合运用不同学科的知识，从多角度、多层面探究传统文化的内涵和价值。这种跨学科的学习方式有助于学生构建起系统、完整的文化知识体系，促进其全面发展。同时，项目学习还能够整合学校、家庭、社区等多方资源，为学生提供丰富、真实的学习情境。学生可以走进博物馆、文化遗址，参与传统节日庆典，亲身感受传统文化的魅力。这种身临其境的体验式学习，能够激发学生的文化自信和民族自豪感。

项目学习的开放性和创新性特点，为传统文化教育注入了新的活力。在项目学习中，教师不再是知识的权威和传播者，而是学习的引导者和协助者。学生拥有更大的自主权，可以根据自己的兴趣和特长，选择感兴趣的传统文化主题，设计个性化的学习路径。这种自主、开放的学习方式，能够最大限度地调动学生的积极性和创造性，使其成为学习的真正主人。同时，在项目学习中，学生还能够运用现代信息技术，利用网络资源，开展传统文化的创新传承。他们可以创作融合传统元素的文学、艺术作品，开发体现传统智慧的现代产品，探索传统文化的创新表达方式。这种创新性学习，不仅能够增强传统文化教育的时代感和吸引力，更能培养学生的文化创新能力。

二、项目学习的设计与实施

（一）项目选择与规划

项目学习作为一种创新性的教学模式，在中华优秀传统文化教育中具有重要的应用价值。要有效开展项目学习，首要任务是进行科学合理的项目选择与规划。这既是确保项目学习顺利实施的基础，也是提升教学质量、实现育人目标的关键。

项目选择应立足中华优秀传统文化的内涵和特质，体现教育的时代性和针对性。教师要深入挖掘传统文化中蕴含的思想精华和道德理念，选取与学生生活实际密切相关、对学生成长发展具有积极意义的主题，如中华传统美德、中国传统艺术等。同时，项目选题还应兼顾学生的认知水平和兴趣特点，既要有一定的挑战性，激发学生的好奇心和探究欲，又不能脱离学生的接受能力，导致学习困难和挫败感。

在确定项目主题后，教师要进行周密细致的项目规划。要根据项目主题和教学目标，设计合理的项目实施方案，包括项目的具体内容、实施步骤、时间安排等。方案要体现循序渐进、由浅入深的原则，让学生在项目学习过程中不断深化对知识的理解和运用。要明确项目考核评价标准，既要关注学生的知识掌握情况，更要重视其文化素养和实践能力的提升。评价标准应具有可操作性和导向性，引导学生全身心投入项目学习。要合理配置项目学习资源，包括相关的文化典籍、音像资料、实物展品等，为学生的探究性学习提供丰富的素材和有力的支持。

项目规划还应充分考虑学生的主体地位和个性化需求。一方面，要为学生提供自主选择和独立探究的空间，鼓励其根据自己的兴趣特长和学习风格，对项目方案进行个性化调整和优化；另一方面，要关注学生在项目学习中的情感体验和价值认同，引导其在亲身参与传统文化实践的过程中，感悟中华文化的精髓，树立文化自信和民族自豪感。

（二）项目实施步骤

戏剧是中华优秀传统文化中璀璨夺目的艺术瑰宝。它集文学、音乐、舞蹈、美术等多种艺术形式于一体，以舞台为载体，以人物和情节为核心，生动形象地再现了历史与现实、理想与人生。中国戏剧源远流长，形式多样，内容丰富，风格独特，在世界戏剧史上占有重要地位。

中国戏剧的发展历程可以追溯到原始社会的歌舞和祭祀活动。随着社会生产力的发展和文化的繁荣，戏剧艺术逐渐从原始的萌芽状态走向成熟。汉代的歌舞戏和参军戏、唐代的俳优、宋元的杂剧和南戏、明清的传奇和地方戏，构成了中国古代戏剧发展的脉络。其中，元杂剧和明清传奇达到了中国古典戏剧的巅峰，出现了关汉卿、汤显祖等戏剧大家，创作了《窦娥冤》《牡丹亭》等经典剧目，对后世产生了深远影响。

中国戏剧以其独特的程式和美学追求，形成了别具一格的艺术风格。虚拟的舞台空间、程式化的表演方式、协调统一的乐队伴奏，再加上精巧的舞台调度，营造出高度概括和体现意境美的艺术效果。那一折一折的精彩唱段，如昆曲的“好姐姐，你在闺中把针线，我在江头踏歌船”，京剧的“俺本是卧龙岗散淡的人”，以及越剧的“皓月当空照枫林，只见枫林不见人”，至今仍在人们耳畔回荡，令人如痴如醉。

中国戏剧的题材内容丰富多样，从帝王将相的兴衰演绎到市井小民的悲欢离合，从神仙鬼怪的神魔大战到儿女情长的缠绵悱恻，可谓包罗万象。这些剧目不仅反映了中国社会的发展变迁，也深刻揭示了人性的复杂多面和人生的辩证法则。通过戏剧舞台，人们得以领略历史风云的变幻，体味人情世故的悲喜，感悟生命哲理的玄妙，从而获得心灵的激荡和精神的升华。

中国戏剧注重“以人为本”，塑造了一系列个性鲜明、栩栩如生的艺术形象。从《赵氏孤儿》中慷慨悲歌的程婴到《桃花扇》中“不到伶仃不垂泪”的侯方域，从《牡丹亭》中“情不知所起，一往而深”的杜丽娘到《长生殿》中“愿得一心人，白头不相离”的唐明皇，这些艺术形象既有血有肉，又富于诗意，展现了中国人深沉、执着、多情、善感的性格特质和家国情怀。

中国戏剧还具有鲜明的地域特色和流派风格。京剧以北方曲调和武打见长，汇集了中国戏曲表演艺术之大成；昆曲以柔婉秀丽、细腻传神的唱腔吟哦，被誉为“百戏之祖”；黄梅戏以质朴明快的曲调和生动活泼的表演，广受群众喜爱；粤剧善于吸收西洋器乐，形成了独特的南国风韵。这些剧种风格迥异，各具特色，共同构成了中国戏剧的百花园。

进入现当代，中国戏剧呈现出传统与现代交融的新局面。一方面，京剧、昆曲等传统剧种继承发扬，不断推陈出新；另一方面，话剧、歌剧、舞剧等西方戏剧形式也传入中国，并与本土文化相结合，催生了大量优秀作品。曹禺的

《雷雨》、田汉的《关汉卿》、老舍的《茶馆》以及杨晓青的《洪湖赤卫队》等，都是现代戏剧的经典之作，反映了时代风云，塑造了新的人物群像，推动了戏剧艺术的繁荣发展。

（三）项目资源管理

项目资源管理是项目学习实施过程中的关键环节，对于保障项目活动的顺利开展具有重要意义。在中华优秀传统文化教育的项目学习中，资源管理显得尤为重要。传统文化资源种类繁多，包括文献典籍、文物遗迹、传统工艺、民俗活动等，这些资源分散在不同的场所和载体中，需要教师进行系统的整合和优化配置，以满足项目学习的需要。

教师要对传统文化资源进行全面的调查和分类。通过实地考察、文献检索等方式，全面了解本地区传统文化资源的分布情况，并按照类型、时代、地域等维度进行系统分类。在此基础上，教师要评估各类资源的教学价值，筛选出与项目主题密切相关、富有教育意义的优质资源。这一过程需要教师具备扎实的传统文化学科素养和敏锐的教学洞察力。

教师要结合项目学习的具体内容，对选定的传统文化资源进行二次开发和教学设计。传统文化资源大多以原始形态存在，未必完全适用于教学实践。教师需要对这些资源进行提炼、解构和重组，使其转化为易于学生理解和掌握的学习材料。比如，教师可以选取传统建筑、服饰、器物等实物资源，设计鉴赏、仿制、创新等体验活动，引导学生在动手实践中感悟传统文化的魅力。又如，教师可以改编传统故事、戏曲等文学资源，创作情景剧、主题展演等教学活动，帮助学生在沉浸式体验中内化传统文化的精髓。

教师要合理配置和调度传统文化资源，为项目学习提供持续动力。传统文化资源是有限的，教师要根据项目学习的进度和节奏，分阶段、分层次地投入资源，既要避免前期过于集中，资源枯竭，也要防止后期资源闲置，浪费教学时间。同时，教师还要注重资源的更新和拓展，适时引入新的传统文化元素，激发学生的新鲜感和好奇心。

三、项目学习的评价方法

（一）评价标准

项目学习教学模式下的评价标准应当是多元化的，既要关注学生对知识的掌握程度，也要注重学生在项目实践中展现出的能力和素养。评价不应局限于结果导向，而应贯穿项目学习的全过程，通过形成性评价和终结性评价相结合的方式，全面、动态地反映学生的学习状况。

从知识维度来看，评价标准应聚焦于学生对中华优秀传统文化核心要义、基本知识点的理解和内化。通过设置开放性问题、组织专题讨论等方式，考查学生运用相关知识分析问题、解决问题的能力。同时，评价还应关注学生在项目实践中表现出的文化素养，如传统美德的践行、人文情怀的培育等。

从能力维度来看，评价标准应突出学生在项目学习中展现出的关键能力，如自主学习能力、团队协作能力、创新实践能力等。通过观察学生在项目策划、实施、总结等环节的表现，评估其逻辑思辨、沟通表达、问题解决等能力的提升情况。同时，评价还应重视学生在面对困难和挫折时所表现出的意志品质，如坚韧不拔的学习毅力、勇于探索的创新精神等。

从情感态度价值观维度来看，评价标准应引导学生在项目实践中对中华优秀传统文化产生认同感和自豪感，激发其传承创新的使命感和责任感。通过组织民族文化体验、家国情怀教育等活动，考查学生对民族文化的理解、热爱和认同程度。同时，评价还应注重学生在项目合作中表现出的价值取向，如文化包容性、责任担当、奉献精神等。

项目学习评价标准的制定还应符合科学性、导向性和可操作性的原则。评价指标应具备科学合理性，能够真实、准确地反映学生的学习状态和发展水平。评价导向应正确，引领学生树立正确的文化价值观，成为中华优秀传统文化的传承者和弘扬者。评价方式应具备可操作性，便于教师灵活采用，切实发挥评价的诊断、激励和改进功能。

（二）评价工具

项目学习评价是一个复杂而多维度的过程，需要采用多种评价工具才能全面、客观地评估学生的学习表现。传统的评价方式，如笔试、闭卷考试等，难以全面反映学生在项目学习中的真实能力和素质表现。为了突破这一局限，教师应积极探索多元化的评价工具，将定性评价与定量评价相结合，过程性评价与终结性评价相结合，以期全面评估学生在知识、能力、情感态度等方面的发展。

在选择评价工具时，教师应立足项目学习的特点，遵循教育评价的基本原则。评价工具要具有针对性和适切性，能够有效评估项目学习目标的达成情况。

例如，在评价学生的实践操作能力时，可以采用实际操作考核、实验报告等方式；在评价学生的团队协作能力时，可以采用小组互评、教师观察等方式。评价工具要体现发展性和激励性，注重发现学生的进步和潜力，激励其不断超越自我。例如，可以采用学生自评、同伴互评等方式，引导学生反思自身表现，明确努力方向；也可以采用展示会、汇报会等方式，让学生分享学习成果，获得成就感和认可感。评价工具要兼顾过程性和终结性，全面记录和反映学生在项目学习各环节的表现。教师可以通过学习日志、学习档案袋等方式，动态记录学生的学习历程；也可以通过项目成果、总结报告等方式，考查学生对知识技能的综合运用。

在具体的评价实践中，教师可以根据项目学习的内容和要求，灵活采用多种评价工具。例如，在中华优秀传统文化项目学习中，可以采用以下评价工具。

学习笔记。鼓励学生在项目学习过程中记录自己的学习心得、疑问困惑等，教师通过审阅学生的学习笔记，了解其学习状态和思考深度。

实践作品。学生在项目学习中创作的书法、绘画、诗词等作品，既可以展示其艺术修养，又可以体现其对传统文化的理解和内化。

情境表演。学生以小组为单位，设计并表演与传统文化相关的情景剧，考查其综合运用知识、协作沟通的能力。

专题讨论。围绕项目学习中的重点问题，组织学生进行专题讨论和辩论，评估其分析问题、表达观点的能力。

测验考核。针对项目学习中的核心知识，设计测验题目，检验学生的知识掌握情况。测验形式可以多样化，如选择题、填空题、简答题等。

项目报告。学生撰写项目学习总结报告，全面反思和评价自己在项目学习中的收获与不足，教师据此评定其学习效果。

四、项目学习在中华优秀传统文化教育中的应用

（一）文化项目选择

文化项目的选择是中华优秀传统文化教育中项目学习的关键环节。传统文化博大精深，内容丰富多样，如何从浩如烟海的文化典籍中选择适合学生学习的项目，需要教师具有深厚的文化素养和敏锐的教育洞察力。在选择文化项目时，教师应立足课程目标，遵循学生认知发展规律，兼顾文化内容的经典性、

时代性和趣味性，努力实现知识传承、能力培养、情感熏陶的有机统一。

从知识传承的角度看，文化项目的选择应注重经典性，体现中华优秀传统文化的精华。诸如《论语》《道德经》等儒家、道家经典，《红楼梦》《西游记》等文学名著，琴棋书画等传统艺术，都蕴含着深厚的历史智慧和人文精神，是中华民族宝贵的精神财富。通过学习这些经典，学生能够感悟中华文化的博大精深，领略传统文化的独特魅力，汲取智慧，涵养品德，这对于文化传承和增强民族认同至关重要。因此，教师要以“经典”为主线，梳理筛选各学科领域的代表性文化内容，形成一个相对系统完整的知识谱系。

从能力培养的角度看，文化项目的选择应注重时代性，紧密联系学生生活实际，引导其运用所学知识解决现实问题。传统文化并非封闭僵化的，而是与时俱进，不断焕发新的生机活力。如何让学生感受到传统文化的当代价值，将其转化为认识世界、改造世界的实践力量，考验着教师的智慧。教师可以选取与学生生活密切相关的文化项目，如中医养生、传统节日、民俗礼仪等，引导学生将这些知识运用到日常生活中，提升生活品质，丰富精神世界。同时，教师还可以设计一些开放性的探究任务，鼓励学生运用传统文化理念去思考现实问题，提出解决方案，在实践中提升文化创新能力。

从情感熏陶的角度看，文化项目的选择应注重趣味性，激发学生的学习兴趣，唤起其情感共鸣。单纯枯燥的说教很难引起学生的共鸣，只有贴近他们的生活实际，以其喜闻乐见的方式呈现文化内容，才能吸引学生，调动其学习积极性。教师可以充分利用多媒体技术，通过图文并茂的方式展示传统文化的魅力；可以组织情境式教学，如穿汉服、品香茶、诵经典，让学生身临其境地感受传统文化；可以开展形式多样的文化活动，如国学诗词会、戏曲鉴赏会、民俗体验营等，在参与中引导学生体验文化内涵，品味人生真谛。文化学习应成为一种享受，而非负担，只有激发了学生的兴趣，才能达到润物无声的教育效果。

在具体选择文化项目时，教师还应该注重不同项目之间的内在联系，突出学科内容的系统性和关联性。传统文化各领域之间并非割裂孤立，而是相互交融，形成了一个有机整体。如诗词文赋与书法艺术的结合，戏曲艺术与服饰文化的联系，民俗节庆与哲学思想的渊源，这些都体现了中华优秀传统文化的综合性特征。教师应引导学生纵向梳理文化发展脉络，横向分析不同领域的交叉融合，探寻文化现象背后的深层原因，最终构建起系统完整的文化知识网络。

（二）传统文化融入

传统文化在项目学习中的融入是实现中华优秀传统文化教育目标的关键环节。项目学习不仅为学生提供了主动探索和实践传统文化的机会，更为传统文化注入了新的生命力。在设计与实施融合传统文化元素的项目学习过程中，教师需要精心选择具有代表性和教育意义的文化项目，合理把握传统文化的内涵和外延，引导学生在实践中加深对传统文化的理解和认同。

从内容选择的角度来看，传统文化项目应涵盖中华文明的各个方面，包括语言文字、文学艺术、哲学思想、价值理念、风俗习惯等。这些内容不仅蕴含着丰富的人文精神和道德智慧，更反映了中华民族的生活方式和审美情趣。通过参与传统文化项目，学生能够直观地感受中华文明的博大精深，领悟先人的智慧结晶，树立民族自豪感和文化自信心。同时，教师还应注重项目内容的时代性和适切性，选择与学生生活经验相联系、与现实问题相呼应的传统文化元素，增强项目学习的针对性和实效性。

从学生参与的角度来看，传统文化项目应为学生提供充分展示个性、发挥特长的舞台。每个学生都是独特的个体，有着不同的兴趣爱好和才能禀赋。教师应结合学生特点，因材施教，为其量身定制富有挑战性和吸引力的学习任务。例如，对于语言文字感兴趣的学生，可以设计古文诵读、经典翻译等项目；对于艺术修养较高的学生，可以开展国画临摹、戏曲表演等活动；对于动手能力强的学生，可以组织传统工艺制作、民俗表演等实践。通过丰富多样的项目形式，激发每一位学生的参与热情，帮助其在传统文化学习中找到自己的位置和价值。

从师生互动的角度来看，传统文化项目应营造平等、开放、互信的师生关系。在传统文化学习中，教师不应将自己定位为高高在上的权威，而应成为学生的引路人和合作者。一方面，教师要虚心向学生学习，尊重他们的独特见解和创新思路；另一方面，教师要耐心解答学生疑惑，为其提供必要的指导和帮助。师生之间的平等交流和真诚互动，能够拉近彼此的距离，增进相互理解和信任，为传统文化学习营造良好的情感氛围。

学校还应加强与社会各界的合作，整合多方资源，为传统文化项目提供有力支持。学校可以与博物馆、图书馆、非遗传承基地等机构建立长期合作关系，定期组织师生参观体验，开阔传统文化学习的视野。学校还可以邀请民间艺人、手工匠人等传统文化传承人走进校园，现场展示技艺，传授知识，让学生零距离感受传统文化的魅力。社会各界的通力配合，能够为学校传统文化教育提供丰富的资源和广阔的平台，推动项目学习走向纵深发展。

（三）学生参与方式

项目学习作为一种以学生为中心的教学模式，为中华优秀传统文化教育提供了新的实践路径。在项目学习中，学生的参与方式呈现出主动性、多样性和创造性的特点。

项目学习强调学生的主动参与。不同于传统教学中学生被动接受知识的状态，项目学习要求学生积极投入学习过程，自主探究、动手实践。在中华优秀传统文化教育中，教师可以设计与传统文化相关的项目任务，如古典诗词创作、传统手工艺制作等，引导学生主动收集资料、开展调研、动手操作，在亲身体验中感悟传统文化的魅力。这种主动参与的过程不仅能够激发学生的学习兴趣，更能培养其自主学习的能力和习惯。

项目学习为学生提供了多样化的参与方式。在项目实施过程中，学生可以根据自己的兴趣爱好和特长，选择不同的角色和任务。有的学生擅长文献研究，可以负责资料的收集和整理；有的学生善于动手操作，可以参与实践环节；有的学生具有领导才能，可以担任项目组长，协调各方面的工作。这种多样化的参与方式尊重了学生的个体差异，给予他们展示自我、发挥所长的舞台。在中华优秀传统文化教育中，教师可以围绕一个主题设计多个子项目，如在“中华传统节日”主题下，可以设置“节日习俗考察”“节日美食制作”“节日活动策划”等不同子项目，让学生根据兴趣选择参与，最终成果汇总展示，实现项目的整体目标。

项目学习激发了学生的创造性参与。与传统教学相比，项目学习对学生的创新能力提出了更高要求。学生在项目实施过程中需要运用已有知识解决实际问题，这就需要他们打破思维定式，提出新颖的想法和解决方案。教师要鼓励学生大胆质疑、勇于尝试，营造宽松、民主的学习氛围，给学生创新的空间。在中华优秀传统文化教育中，许多项目具有开放性特点，如“传统文化与现代生活”项目，学生可以从多个角度切入，探讨传统文化在当代社会的传承和创新。学生创造性的想法，不仅丰富了项目学习的内容，也为传统文化的发展注入了新的活力。

第三节　小组合作学习教学模式

一、小组合作学习的基本概念

（一）发展历程

小组合作学习在教育领域的应用和研究可以追溯到20世纪初。1916年，美国教育家约翰·杜威在《民主主义与教育》一书中提出，学校应该成为一个小型社会，学生应该通过相互合作来学习。这一理念为小组合作学习的发展奠定了思想基础。

20世纪20年代，库尔特·考夫卡提出了群体动力学理论，揭示了群体对个体行为的影响。这一理论为优化小组合作学习的策略提供了心理学依据。20世纪70年代以来，随着建构主义学习理论的兴起，小组合作学习迎来了蓬勃发展的新阶段。建构主义学习理论强调学习的主动性、社会性和协作性，认为学习是学习者在与他人互动中主动建构知识的过程。在此理论指导下，以罗伯特·斯莱文为代表的一批学者开始系统探索小组合作学习的实施策略和有效性。1980年，斯莱文提出了“小组成绩分配”的合作学习模式，强调小组成员共同承担学习任务，共享小组荣誉。这一模式后来被广泛应用于教学实践。20世纪90年代，埃利奥特·阿伦森提出了“拼图式”合作学习模式。在这一模式中，学习任务被分解成若干部分，每个小组成员负责一部分，通过互相传授，最终拼成完整的知识图景。这种模式强调成员间的相互依存和个人责任，有助于提高学习的参与度和责任心。

进入21世纪，小组合作学习继续得到理论和实践的深化，并与现代信息技术相结合，呈现出新的发展态势。一方面，小组合作学习的内涵不断拓展，不仅关注认知目标的达成，更加重视学生社会性、创新力等关键能力的培养；另一方面，翻转课堂、混合式学习等新型教学模式为小组合作学习提供了更为便捷、灵活的实施路径。学习者可以利用网络平台，突破时空限制，与伙伴开展跨校、跨区域乃至跨国的协作学习。

小组合作学习经历了从理念到理论、从理论到实践、从课堂到网络的发展历程。一个多世纪以来，教育工作者围绕“为什么合作”“如何合作”“在哪里合作”等问题进行了持续探索，使这一教学模式日臻完善。在“互联网＋”时代，小组合作学习正迎来新的发展机遇。教师应秉持与时俱进的理念，立足信息技术支持下的教与学变革，深化小组合作学习实践，不断提升学生的知识建构和能力培养质量。

（二）理论基础

小组合作学习教学模式的成功实施，离不开科学的理论指导。建构主义学习理论、认知发展理论和社会学习理论为小组合作学习提供了坚实的理论基础。

建构主义学习理论强调学生是知识意义的主动建构者，而不是被动的接受者。在小组合作学习中，学生通过主动参与、积极思考和相互交流，不断建构和修正自己的知识体系。小组成员之间的互动讨论能够激发学生的认知冲突，促使其反思和调整已有的认知结构，从而达到知识的内化和巩固。同时，建构主义还强调学习情境的重要性。小组合作学习为学生营造了真实、丰富的情境，使其能够在具体的情景中感知和应用知识，增强学习的生动性和实效性。

皮亚杰的认知发展理论为小组合作学习的异质分组提供了理论依据。根据皮亚杰的观点，个体的认知发展是通过同化和顺应的过程实现的。当个体遇到新的信息或经验时，会试图将其纳入已有的认知图式。如果两者发生冲突，个体就需要通过顺应来调整原有的认知结构，从而实现认知的更新和发展。在异质性小组中，由于成员之间在知识水平、思维方式等方面存在差异，学生更容易遇到认知冲突的情境。这种适度的不平衡有助于促进学生的认知顺应，推动其思维能力的提升。

另外，维果斯基的社会文化理论揭示了社会互动对个体认知发展的促进作用。维果斯基提出“最近发展区”的概念，认为在他人的帮助下，学习者能够达到比独立努力更高的发展水平。在小组合作学习中，学生通过与他人合作完成共同的任务，在思想的碰撞和观点的交流中互相启发，不断突破自己的认知局限，扩展思维的广度和深度。小组成员之间的对话、讨论、辩论等互动方式，为学生提供了丰富的语言实践机会，有利于提高其语言表达和沟通能力。

班杜拉的社会学习理论也为小组合作学习提供了有益启示。该理论强调学习者通过观察和模仿他人的行为来获得知识和技能。在小组合作学习中，学生不仅向教师学习，更多地向小组成员学习。优秀的小组成员在合作过程中展现出热情参与、积极思考、有效沟通等良好的学习品质和行为，能够成为其他成员学习的榜样。通过观察和效仿这些楷模，学生能够不断优化自己的学习策略，养成科学的学习习惯。

二、小组合作学习的组织与实施

（一）小组构建策略

构建合理的小组是开展小组合作学习的基石。科学的分组策略不仅能够最大限度地发挥每个学生的潜力，促进学生的全面发展，还能够营造良好的学习氛围，提高学习效率。因此，教师在实施小组合作学习时，首先要根据教学目标和学生特点，采取恰当的小组构建策略。

从学生异质性的角度来看，小组成员应具有一定的差异性。这种差异不仅体现在学习能力和知识水平上，还应涵盖性别、兴趣爱好、性格特点等多个维度。异质性小组能够促进学生之间的互补和协作，激发思维的碰撞和创新。在异质性小组中，学习能力较强的学生可以帮助和带动其他成员，而学习能力相对较弱的学生也能够从他人身上学到更多知识和技能。同时，不同背景和视角的交流也有助于拓宽学生的认知视野，培养其包容差异、尊重他人的品格。

从任务需求的角度来看，小组规模应适中，一般以 4～6 人为宜。小组规模过大，成员之间的互动和沟通就会受到限制，一些学生可能会因为“搭便车”而丧失参与的积极性；小组规模过小，则难以形成丰富的观点交锋和有效的分工协作。因此，教师要根据课程内容和学习任务的复杂程度，灵活确定小组的人数。对于涉及面广、综合性强的学习项目，可以适当增加小组成员；而对于某些探究性较强的专题研究，则可以采取双人或三人小组的形式。

从学生自主性的角度来看，教师还应尊重学生的意愿，适度放手，让学生自行组合小组。这种做法一方面能够增强学生的参与感和主人翁意识，调动其学习的主动性；另一方面也有利于学生结合自身特点和兴趣爱好，与志同道合者抱团，形成最佳的学习伙伴关系。当然，教师在这个过程中也要履行必要的引导和把控责任，防止学生因过于看重好恶或资历而产生身份歧视、能力偏见，导致小组过于同质化。

小组构建还应兼顾灵活性和稳定性。一方面，教师要根据不同的教学内容和学习任务，及时调整小组的组成，让学生有机会与不同的同伴展开协作，拓展社交网络；另一方面，为了增强小组的向心力和协作默契度，教师也应让每个小组保持相对稳定，为学生营造“学习共同体”的氛围。这种动态平衡的分组模式，既能够激发新思维、新火花，又能够维系情感纽带、巩固合作基础。

（二）任务分配方法

小组合作学习中的任务分配是一个关键环节，它直接影响学习活动的效果和学生的参与度。在中华优秀传统文化教育的课堂中，教师应根据教学内容和学生特点，采用灵活多样的任务分配方法，充分调动学生的积极性，培养其合作意识和责任心。

明确任务目标是有效分配任务的前提。教师应在充分理解教学内容的基础上，设计具有针对性、挑战性和可操作性的学习任务。任务目标应与课程标准相契合，体现中华优秀传统文化的核心内涵，同时也要考虑学生的认知水平和兴趣爱好。只有任务目标明确，学生才能理解任务的意义，产生学习动机，主动投入小组合作。

合理划分任务类型是提高任务分配效率的关键。中华优秀传统文化博大精深，涉及诸多方面，如哲学思想、文学艺术、历史典故等。教师应根据这些内容的特点，将学习任务划分为不同类型，如资料收集、问题讨论、情境表演、成果展示等。不同类型的任务对学生能力的要求各不相同，教师应根据学生的个性特点和小组组成，将任务分配给最适合的人选，做到因材施教、各尽其才。

鼓励小组内部的民主讨论和自主分工也是优化任务分配的有效途径。教师不应简单地将任务强加给学生，而应引导学生在小组内部充分讨论，根据自己的兴趣特长和优势领域主动认领任务。这种民主协商的过程本身就蕴含着中华优秀传统文化的智慧，如“和而不同”“求同存异”的思想，有助于增进学生之间的理解和信任。同时，学生通过自主分工，能够更好地发挥主观能动性，提高参与度和责任心。

任务分配过程中还应注重小组成员的优势互补和角色轮换。每个学生都有自己的长处和不足，如果总是分配擅长的任务，虽然有利于短期内的学习效果提升，但不利于学生的全面发展。因此，教师应适时调整任务分配，让学生走出舒适区，挑战自我，在合作中不断学习和进步。同时，小组内部的角色也应定期轮换，让每个学生都有机会充当组长、记录员、报告人等角色，锻炼组织协调、口头表达等综合能力。

教师还应为学生的任务完成提供必要的支持和指导。尽管任务是分配给学生的，但教师不能完全放手，而应时刻关注学生的学习进度和情绪状态，适时为其排忧解难。当学生遇到困惑时，教师应耐心解答；当学生出现分歧时，教师应公正调解；当学生取得进步时，教师应及时肯定。唯有师生携手，才能确保任务高质量完成。

（三）课堂管理技巧

在小组合作学习的过程中，教师的课堂管理技巧不仅影响着学生的学习效果，还关乎小组合作的质量和效率。因此，教师需要掌握科学、有效的课堂管理策略，为学生营造良好的学习氛围，激发其主动性和创造性。

教师应合理划分小组，充分考虑学生的个体差异和小组的异质性。在小组构成上，教师可以综合考虑学生的学习能力、性格特点、兴趣爱好等因素，力求做到优势互补、同质异构。这样既能确保小组内部有一定的能力梯度，促进学生之间的互帮互助，又能避免能力差距过大而影响学习效果。同时，异质性小组也有利于学生接触不同观点，开阔视野，培养包容心和团队意识。

教师需要明确小组合作的目标和任务，并与学生达成共识。小组合作学习的目标应该具体、可操作，既要符合课程标准的要求，又要契合学生的认知水平和学习需求。教师可以采用“任务驱动”的方式，为每个小组设置明确的学习任务和考核指标，引导学生围绕任务开展探究性学习。在任务设计上，教师要注重创设问题情境，激发学生的好奇心和求知欲，鼓励其主动建构知识。同时，任务难度应该适中，既要有一定的挑战性，又不能超出学生的“最近发展区”，以免打击学生的学习积极性。

教师应加强过程管理和动态评价，及时监控小组合作的进展情况。在小组合作过程中，教师要充分发挥引导者和协调者的作用，适时介入，提供必要的指导和帮助。教师可以采用巡视、提问、抽查等方式，了解每个小组的学习状态和进度，发现并解决学生遇到的困难。对于小组内部的分歧和冲突，教师要积极疏导，引导学生通过平等对话、民主协商化解矛盾。在评价方面，教师不仅要关注学习结果，更要重视学习过程，采用多元化的评价方式，如自评、互评、小组评价等，全面考查学生在合作学习中的表现和进步。

教师还需要营造民主、平等、互信的课堂氛围，塑造良好的师生关系和生生关系。在小组合作学习中，教师应该树立民主意识，尊重学生的主体地位，鼓励其平等参与、勇于表达。对学生提出的观点和疑问，教师要虚心听取，耐心解答，给予积极的反馈和鼓励。同时，教师还要关注小组成员之间的互动，提倡平等对话、相互尊重的交流方式，营造和谐、融洽的小组氛围。良好的师生关系和生生关系，能够增强学生的归属感和安全感，提高其参与度和投入度。

教师应注重总结反思，不断优化小组合作的策略和方法。每一次小组合作学习结束后，教师都应该组织学生进行总结和反思，梳理收获与不足，探讨改进的措施。教师也要主动反思自己的课堂管理行为，审视其合理性和有效性，并根据反思结果及时调整策略，改进方法。只有在实践中不断探索、优化，才能真正掌握小组合作学习的规律和技巧，提高课堂管理的科学性和针对性。

三、小组合作学习的角色分工

（一）组长职责

在小组合作学习中，组长发挥着至关重要的领导和协调作用。作为一个小团队的核心，组长需要统筹规划、科学组织、有效沟通，带领组员朝着共同的学习目标迈进。一名称职的组长不仅要具备扎实的学科知识和娴熟的学习技能，更要拥有出色的组织管理能力和人际交往能力，成为小组成员学习和成长的领路人。

组长的首要职责是制订切实可行的学习计划。这需要组长全面了解小组成员的学习基础、兴趣爱好、特长优势等情况，根据学习任务的难易程度、完成时限等因素，合理分配学习任务，确保每个成员都能找到发挥自己长处的机会。在计划实施过程中，组长应该密切关注各项任务的进展情况，适时调整任务分工，保证学习计划的顺利推进。同时，组长还要重视学习过程的阶段性复盘和总结，引导组员及时分享学习心得，交流学习方法，共同提高学习效率。

组长需要营造良好的小组学习氛围。这意味着组长要以身作则，以积极热情的学习态度感染组员，营造出团结协作、相互支持的集体氛围。面对学习中遇到的困难和挫折，组长应该积极鼓励组员，帮助大家增强克服困难的信心。当组员之间出现分歧和矛盾时，组长要充当协调者和调解人的角色，引导大家以理性、宽容的心态化解误会，增进彼此了解，用集体的智慧解决问题。只有构建起和谐融洽、充满活力的学习氛围，小组成员才能真正释放学习潜能，取得理想的学习成果。

组长还承担着重要的外联沟通职责。作为小组与教师、其他小组之间的纽带和桥梁，组长需要及时向教师反映小组学习中遇到的困难和问题，争取教师的指导和帮助。同时，组长还应该主动与其他小组开展交流合作，学习借鉴其他小组的优秀经验做法，扩大小组学习的视野和资源。通过与外界的良性互动，组长能够为小组成员创造更多学习机会，提供更加优质的学习支持，推动小组学习水平的不断提升。

组长还肩负着培养组员领导力的重任。小组合作学习不仅是知识和技能的学习过程，更是领导力培养的重要平台。组长应该注重发掘和培养组员的领导潜质，给予他们更多展示自我、锻炼能力的机会。通过角色轮换、任务委派等方式，组长可以让每个组员都有机会承担领导角色，在实践中提升组织协调、决策判断、沟通表达等领导力要素。从长远来看，组长对组员领导力的重视和培养，不仅有利于提高小组学习绩效，更有助于培养学生的全面发展，为他们未来走向社会、服务国家奠定坚实基础。

（二）组员职责

在小组合作学习中，组员是学习活动的主体，担负着完成学习任务、实现学习目标的重要职责。组员积极参与、主动探究、勇于创新，是小组合作学习取得成功的关键。

组员在小组合作学习中首先要树立正确的学习态度。要以饱满的热情投入学习活动，以积极的心态面对学习任务，以开放的胸襟接纳不同观点。组员要克服惰性，摒弃“搭便车”的心理，努力为小组的学习成果做出自己的贡献。同时，组员还要具备合作意识，懂得与他人协作、共同进步的道理。在小组讨论时，组员要认真倾听他人观点，客观分析问题，不急于下结论，更不能独断专行。遇到分歧时，组员要以理性的态度交换意见，在平等、互信的氛围中达成共识。

组员在小组合作学习中还要发挥主观能动性。面对学习任务，组员要主动思考、大胆质疑，敢于提出自己的见解。在小组讨论时，组员要积极发言，表达自己的观点，参与集体智慧的碰撞。对于疑难问题，组员要勇于探索，提出假设，设计验证方案，在实践中检验真理。组员还要善于总结反思，在完成学习任务后，及时梳理知识脉络，提炼关键信息，吸取经验教训，为后续学习奠定基础。

组员在小组合作学习中还肩负着相互启发、相互促进的使命。小组成员之间知识结构、能力水平、性格特点各不相同，这种差异性恰恰蕴含着巨大的学习潜力。组员要善于挖掘他人的闪光点，学习他人的长处，在彼此启发中实现共同进步。当小组成员遇到困难时，组员要主动伸出援手，提供必要的帮助和支持。这种相互关怀、相互帮助的氛围，能够增进组员之间的感情，提升小组的凝聚力。

组员在小组合作学习中的角色是多元的、立体的。组员既是学习的主体，又是小组的一员；既要独立思考，又要合作探究；既要发挥自身优势，又要取长补短、相互促进。组员唯有在遵循小组合作学习规律的基础上，找准自己的位置，认真履行职责，才能在与他人的互动中实现自身的发展，为小组的学习成果贡献自己的力量。

小组合作学习为学生创造了施展才华、展示自我的舞台。在这个舞台上，组员的一言一行都影响着小组的学习成效。组员要以端正的学习态度、饱满的进取心态投入小组合作学习，在与他人的交流碰撞中释放潜能、实现自我。同时，组员还要胸怀全局、不忘初心，把个人成长与小组进步、与他人发展紧密结合，在促进自我发展的同时，为小组的学习成果贡献智慧和力量。

（三）角色轮换机制

角色轮换机制是小组合作学习教学模式中的重要环节，它通过定期调整学生在小组中的角色，使每个学生都有机会担任不同的职责，锻炼多方面的能力。这一机制不仅有利于培养学生的领导力和责任心，更能促进小组成员之间的平等互动，营造民主、包容的学习氛围。

在实施角色轮换时，教师首先要明确各个角色的职责和任务，如组长负责统筹协调、记录员负责笔录要点、报告员负责总结发言等。然后，教师可以根据学生的个性特点、能力水平等进行初次角色分配。在小组活动过程中，教师要适时提醒学生转换角色，并对其表现给予积极反馈和指导。通过这种循序渐进、阶梯式的角色体验，学生能够担任不同角色时展现自己的才能，发掘自身的潜力。

角色轮换机制的一大优势在于促进小组成员的互帮互助。在传统的小组学习中，学习能力强的学生往往扮演主导角色，而其他学生则处于被动接受的地位。而通过角色轮换，每个学生都有机会成为小组的中心，体验领导和决策的过程。同时，处于不同角色的学生也能更好地理解彼此的困难和需求，从而相互支持、共同提高。这种平等互助的学习氛围，对于激发学生的内在动机，提升其自主学习能力大有裨益。

角色轮换机制还有助于学生综合素质的全面发展。在担任不同角色的过程中，学生不仅能够掌握相关的知识技能，还能锻炼口头表达、逻辑思辨、人际协作等多种能力。例如，担任组长角色时，学生需要学会统筹规划、协调任务、把控进度等管理技巧；担任报告员角色时，学生需要提炼要点、构建逻辑、有条不紊地陈述观点；担任评议员角色时，学生需要倾听他人意见、客观分析问题、提出建设性批评等。这些看似简单的角色体验，却蕴含了丰富的育人内涵，对学生领导力、表达力、思辨力等关键能力的养成都具有重要价值。

四、小组合作学习的互动与交流

（一）互动形式

小组合作学习中的互动形式主要包括面对面互动、网络互动和混合式互动。面对面互动是传统的、最直接的互动方式，它强调学生之间的直接交流和讨论。在面对面互动中，学生可以通过语言、表情、肢体等多种方式进行信息传递和情感交流。这种互动方式有助于增进学生之间的了解，培养其沟通表达能力和团队协作精神。然而，面对面互动也存在一定局限性，如受时空限制、难以实现大规模互动等。

随着信息技术的快速发展，网络互动日益成为小组合作学习的重要形式。网络互动打破了时空的界限，使学生能够随时随地参与小组合作。学生可以通过在线讨论、协同编辑、资源共享等方式开展互动与交流。网络互动还能够实现多人同步互动，极大地提高了互动效率。此外，网络互动产生的数字化学习痕迹便于教师追踪和分析，为优化教学提供了数据支撑。当然，网络互动也存在一些问题，如缺乏面对面交流的真实感、容易出现冷漠现象等。

鉴于面对面互动和网络互动各有优缺点，越来越多的教师开始尝试混合式互动。混合式互动是指将面对面互动与网络互动相结合，取长补短，发挥两种互动方式的最大效用。在混合式互动中，学生既可以通过面对面交流增进感情，又可以利用网络平台实现更广泛、更深入的互动。教师则可以根据教学需要灵活选择和搭配不同的互动方式，为学生营造出最佳的互动体验。例如，教师可以安排学生先进行面对面的头脑风暴，然后在网上协作完成小组作业。

无论采用何种互动形式，教师在互动过程中的引导和参与都至关重要。教师要积极创设有利于互动的课堂氛围，鼓励学生大胆表达、平等交流。同时，教师还要适时介入互动，引导学生聚焦讨论主题、化解可能出现的矛盾冲突。只有教师与学生密切配合，才能真正发挥小组合作学习互动的育人功能。

（二）交流技巧

在小组合作学习中，有效的交流技巧是保证学习效果的关键。交流不仅能够促进组内成员之间的相互理解和信息共享，还能够激发学生的思维火花，培养其批判性思维和创新能力。为了实现高质量的交流，学生需要掌握一系列必要的技巧和策略。

倾听是交流的基础。在小组讨论中，学生应该培养耐心倾听他人观点的习惯，而不是急于表达自己的想法。通过认真聆听，学生能够更全面地了解问题的多个侧面，吸收不同的见解，从而拓宽思路、深化认识。同时，倾听也是对他人的尊重，有助于营造平等、友善的交流氛围。

表达的清晰性和逻辑性也至关重要。在阐述自己观点时，学生应该使用简洁、准确的语言，避免模棱两可或过于抽象的表述。合理运用事实论据、恰当引用权威资料，能够增强论点的说服力。此外，学生还需注意论证的逻辑链条是否完整，前后是否一致，有无论据不足或论据无效等逻辑谬误。只有做到思路清晰、表达精准，交流才能取得预期效果。

学生还应注重交流的互动性，积极回应他人的观点，鼓励大家参与讨论。面对不同意见，学生要学会换位思考，以开放、包容的心态看待问题。通过提问题、举例子等方式，学生可以引导组员进一步阐明观点，探讨分歧的根源。在这个过程中，学生不仅能锻炼自己的批判性思维能力，也能学会在碰撞交流中寻求共识。

除了口头交流，书面表达也是小组合作学习中不可或缺的一环。撰写学习报告、总结讨论成果等任务，都需要学生具备一定的写作能力。为此，学生应该注重文章结构的完整性和逻辑性，准确运用学科专业术语，使用恰当的论证方法。同时，书面表达还要体现出学术诚信，规范引用文献资料，杜绝抄袭、伪造等学术不端行为。

第五章　中华优秀传统文化教育的师资队伍建设

第一节　中华优秀传统文化教育师资的素养要求

一、文化知识素养

（一）传统文化经典

中华优秀传统文化源远流长、博大精深，其中蕴含着丰富的教育智慧和人文精神。作为传统文化的重要载体，经典著作在延续民族文脉、传承文化基因方面发挥着不可替代的作用。因此，中华优秀传统文化教育的师资队伍必须具备扎实的传统文化经典知识功底，才能真正领会其中的精髓要义，进而传道授业、启迪心智。

教师应该广泛阅读中华传统文化经典，如“四书”、“五经”、诸子百家、史书典籍等，了解其思想内涵和时代背景。通过研读经典原文，教师可以直接感悟古圣先贤的智慧结晶，领会儒释道等思想流派的核心理念，进而加深对中华优秀传统文化的理解。同时，教师还应关注经典著作的成书背景、流传脉络等，透过纷繁的文本看到一脉相传的文化精神，从而更好地把握传统文化的发展脉络。

教师还需要深入挖掘经典著作中的教育思想和育人理念。中华传统文化经典中不乏关于教育的精彩论述，如《论语》中“因材施教”“有教无类”的教学理念，《孟子》中“大人者，言不必信，行不必果，惟义所在”的人格塑造思想等。通过系统梳理这些教育智慧，教师可以丰富自身的教育理念，并运用到教学实践中去。同时，传统文化经典中还蕴藏着丰富的人文情怀和价值追求，如“天行健，君子以自强不息”的进取精神，“穷则独善其身，达则兼济天下”的社会担当等。教师应带领学生品味经典，感悟其中的人文精神，引导其形成积极向上的价值观念。

教师还要注重中华传统文化的当代阐释和传承创新。在理解经典原意的基础上，教师应结合时代语境和学生特点，创新性地诠释传统文化，使之更加贴近现实、易于接受。例如，可以将“修身、齐家、治国、平天下”的理想人格与当代社会主义核心价值观相结合，阐释个人修养与家国情怀的内在联系；又如，可以用“不以物喜，不以己悲”的处世哲学来引导学生正确看待得失，保持内心的平和与坦荡。总之，在传承传统文化时，教师既要“述而不作”，又要“温故知新”，在继承与创新中找到平衡，赋予传统文化以新的时代内涵。

（二）文化多样性理解

在中华优秀传统文化教育中，教师对文化多样性的理解和把握至关重要。文化多样性是指不同民族、地区、阶层所创造的多元文化形态，体现了人类社会的丰富性和包容性。中华文明源远流长，在漫长的历史发展中形成了独具特色的文化体系。这一体系不仅包括以儒、道、佛等为代表的主流文化，也涵盖了各地区、各民族的地方文化和民间文化。这些文化形态相互交融、相得益彰，共同构筑起中华文化的瑰丽画卷。

作为传统文化教育的实施者，教师首先要具备文化相对主义的意识，尊重和欣赏不同文化的独特价值。每一种文化都是特定历史条件下人们集体智慧的结晶，都对中华文明的发展做出了重要贡献。教师要以开放、包容的心态看待文化差异，摒弃文化偏见和优越感，引导学生树立文化自信，增强文化认同。只有对文化多样性有了全面深入的认识，教师才能更好地挖掘传统文化的丰富内涵，激发学生的学习兴趣。

教师要引导学生理解不同文化之间的内在联系，把握中华文化的整体性和系统性。尽管中华优秀传统文化呈现出多元化的特点，但其内核却是一以贯之的。“和而不同”的理念体现了中华民族兼容并蓄、包容万物的文化品格；“天人合一”的思想则揭示了人与自然、个人与社会的和谐统一。教师要帮助学生透过纷繁复杂的文化表象，认识到这些深层次的文化基因和价值理念，进而理解中华文明独特的生命力和创造力。

教师还应注重文化教学与现实生活的紧密结合，引导学生在多元文化背景下进行自主学习和探索。当代社会日益呈现出文化多样性的特点，不同国家、民族、地区的文化交流日益频繁。面对这种态势，学生既要继承和弘扬中华优秀传统文化，又要以海纳百川的胸怀接纳吸收其他文明的优秀成果。教师要营造开放、互动的教学氛围，鼓励学生通过广泛阅读、实地考察、交流讨论等方式，主动了解和体验不同文化，在多元文化的比较、碰撞中实现自我认识和成长。

二、教育教学能力

（一）教学内容设计

教学内容设计是中华优秀传统文化教育师资素养提升的关键环节。教师需要根据课程目标和学生特点，精心设计教学内容，才能充分发挥中华优秀传统文化的育人功能，实现知识传授、能力培养和价值引领的有机统一。

在教学内容设计中，教师首先应该全面梳理中华优秀传统文化的丰富内涵，挖掘其中蕴含的思想精华和道德智慧，并将其转化为适合学生认知水平的教学素材。比如，在教授《论语》时，教师可以选取其中体现仁爱、礼义、忠恕等核心理念的章句，引导学生理解儒家思想的精髓，感悟中华民族的人文精神。又如，在讲授传统节日时，教师可以介绍节日的来历、习俗和寓意，引导学生体会其中蕴含的天人合一、慎终追远等思想内涵，培养其文化自信和家国情怀。

教学内容设计应注重与学生生活实际相联系，增强教学的针对性和实效性。教师可以结合学生的兴趣爱好、认知特点，创设贴近生活的教学情境，帮助学生建立起学习传统文化的内在动机。同时，教师还可以引导学生将传统文化知识运用于现实生活，提升其文化素养和实践能力。例如，在学习传统美德时，教师可以引导学生讨论如何将其运用于日常交往、处理矛盾等具体场景，提高其道德修养和社会适应能力。

教学内容设计还应体现中华优秀传统文化的时代价值和现实意义。在传承传统文化精华的同时，教师要引导学生立足现实，思考传统文化在当代社会发展中的作用和价值。通过融合传统文化与现代文明，教师可以帮助学生构建起对民族文化的认同感和自豪感，增强其文化自信和使命担当。例如，在讲授中华传统美德时，教师可以引导学生思考如何将其与社会主义核心价值观相结合，弘扬中华民族的优良传统，推动社会文明进步。

教学内容设计还应重视跨学科、跨领域的融合，拓宽学生的知识视野和文化素养。中华优秀传统文化源远流长，涵盖了文学、历史、哲学、艺术等多个领域。教师应充分挖掘不同学科领域的文化资源，引导学生多维度、多视角地理解和把握传统文化内涵。比如，在讲授诗词时，教师可以结合历史背景、作者生平，引导学生深入体味作品的思想内涵和艺术魅力。又如，在讲授书法艺术时，教师可以介绍其体现的哲学理念和美学追求，开阔学生的人文视野。

（二）教学方法创新

创新教学方法是中华优秀传统文化教育师资必备的关键能力之一。在传统文化教育中，创新教学方法不仅能够激发学生的学习兴趣，调动其主动性和积极性，更能够促进学生对传统文化内涵的深入理解和内化，实现知行合一、学以致用的教学目标。

要实现教学方法创新，教师首先需要深入研究传统文化经典，挖掘其中蕴含的教育智慧和现代价值。中华优秀传统文化博大精深，涵盖了哲学、文学、艺术、科技等多个领域。教师应该立足传统，放眼当下，从经典著作中提炼出契合当代教育理念的思想内核，并以此为基础设计教学活动。例如，在讲授《论语》时，教师可以引导学生思考"己所不欲，勿施于人"的现实意义，组织角色扮演、情景模拟等体验式学习，帮助学生在实践中领悟仁爱、恕道的道德情操。

教师还应该积极利用现代信息技术手段，创新教学模式和学习方式。随着互联网、大数据、人工智能等技术的迅猛发展，传统的课堂教学已经不能完全满足学生的学习需求。教师应该主动拥抱新技术，将其与传统文化教育深度融合，开发各具特色的信息化教学资源，构建开放、灵活、个性化的智慧学习环境。例如，教师可以利用虚拟现实技术，打造沉浸式的文化场景，让学生身临其境地感受传统艺术的魅力；又如，教师可以整合优质的在线课程资源，实现线上线下混合式教学，拓宽学生的学习时间和空间。

在教学过程中，教师还应该注重因材施教，针对不同学生的特点和需求，灵活运用多元教学方法。每个学生都是独特的个体，他们在兴趣爱好、认知风格、知识基础等方面存在着差异。教师必须充分考虑这些差异，根据学情选择恰当的教学策略，最大限度地调动每一位学生的学习积极性。例如，对于学习基础较好的学生，教师可以布置一些探究性的任务，引导其自主学习、深度思考；而对于学习有困难的学生，教师则要给予更多的关注和帮助，通过启发诱导、分层教学等方式，帮助其扎实基础、提升信心。

创新教学方法还要求教师树立开放包容的教学理念，善于吸收借鉴不同学科、不同文化的教学经验。中华优秀传统文化与其他学科、其他文明之间并非截然分立，而是存在着广泛的联系和互鉴。教师应该以开放的心态，主动与其他学科教师开展交流与合作，探索跨学科、跨文化的教学路径。例如，教师可以将传统文化与美术、音乐等学科相结合，通过诗词吟唱、书法绘画等艺术形式，生动直观地呈现传统文化的意蕴之美；又如，教师可以引导学生比较中西方哲学思想异同，在碰撞交流中深化对本民族文化的认同，提升文化自信。

教学方法的创新离不开教师自身专业素养的提升。要成为一名出色的传统文化教育工作者，教师必须具备扎实的学科专业知识、宽广的文化视野、过硬的教学技能和教育智慧。这就要求教师加强学习，不断更新知识结构，拓宽学术视野；勇于实践，在教学一线探索创新，积累宝贵经验；善于反思，客观审视自己的教学得失，寻找改进的空间和方向。只有勤于学习、勇于创新、善于反思，教师才能跟上时代步伐，实现教学方法的与时俱进，为传统文化教育事业贡献自己的智慧和力量。

三、道德品行修养

（一）诚信与责任

诚信和责任是中华优秀传统文化教育师资队伍建设中不可或缺的道德品质。作为传道授业解惑的教育工作者，教师肩负着塑造学生品格、引导学生成长的神圣使命。只有教师自身具备高尚的道德情操，以身作则、言传身教，才能为学生树立榜样，引导其形成正确的价值观念和行为准则。

诚信是立身之本，是教师职业道德的基石。教师只有以诚待人、以信服人，才能赢得学生的信任和尊重。在教学过程中，教师要严格遵守教学纪律，认真备课上课，客观公正地评价学生，坚决杜绝弄虚作假、徇私舞弊等不诚信行为。同时，教师还要以身作则，在日常生活中言行一致、表里如一，用自己的实际行动影响和感染学生，引导他们养成诚实守信的良好品德。

责任感是教师的另一项必备品质。教书育人是一项需要长期坚持、甘于奉献的事业，教师必须具有强烈的责任心和使命感。在教学中，教师要全身心投入，细心观察每一个学生的特点和需求，因材施教，不断改进教学方法，提高教学质量。对于学生的错误和问题，教师要耐心引导、悉心教诲，帮助其改正错误、健康成长。只有怀着对学生、对教育事业高度负责的态度，教师才能不辱使命、不负众望，培养出合格的社会主义建设者和接班人。

除了诚信和责任，教师还要具备严谨治学的态度和坚定的职业操守。面对纷繁复杂的社会现实和多元化的价值诉求，教师要始终坚持原则、坚守正道，用高尚的师德引领学生，用科学的思想武装学生，用文明的行为规范学生。只有教师自己信念坚定、品行高洁，才能引导学生形成积极向上的人生态度和价值追求。

建设一支师德高尚、业务精湛的中华优秀传统文化教育师资队伍，是新时代教育改革和发展的必然要求。要实现这一目标，就必须把诚信和责任作为教师队伍建设的重中之重，把师德师风建设摆在首要位置。只有广大教师以德立身、以德施教、以德育人，才能真正担负起传承民族文化、塑造学生心灵的时代重任，为培养德智体美劳全面发展的社会主义建设者和接班人做出应有贡献。

（二）尊重与包容

尊重与包容是中华优秀传统文化教育师资必备的道德品行修养。作为传道授业解惑的教育工作者，教师首先要以身作则，在言行举止中体现出对他人的尊重和包容。只有教师自身具备这种高尚品德，才能感染和引导学生，帮助其形成正确的人生观和价值观。

尊重是教育的基础。每个学生都是独特的个体，有自己的特点、需求和潜力。教师要尊重学生的人格尊严，平等对待每一位学生，充分信任和理解他们。在教学过程中，教师应该倾听学生的心声，关注其情感需求，尊重其个性发展。对学生的错误和缺点，教师要以宽容的心态给予引导，而不是简单地批评和否定。只有在尊重和信任的氛围中，学生才能放下戒备，敞开心扉，积极主动地投入学习。

包容是教育的润滑剂。教育过程中难免会遇到各种矛盾和冲突，如师生观点的分歧、学生之间的争执等。这时，教师要以包容的心态看待问题，充当好调解人的角色。对不同观点，教师要耐心听取，允许存在差异，引导学生求同存异、包容并蓄。对学生的过失，教师要给予理解和宽恕，帮助其认识错误、改正错误，而不是一味地责备和惩罚。通过包容，教师能够化解矛盾，营造和谐的师生关系和同学关系，构建良好的教育生态。

中华优秀传统文化蕴含着丰富的尊重、包容思想。“己所不欲，勿施于人”“海纳百川，有容乃大”“兼听则明，偏信则暗”等句，无不体现出尊重他人、包容差异的智慧。在中华传统“仁爱”“忠恕”思想的影响下，我国古代教育十分重视尊重、包容品行的培养。从孔子的“有教无类”“因材施教”，到孟子的“爱人”“推己及人”，再到《礼记》的“凡事预则立，不预则废。言前定则不跲，事前定则不困，行前定则不疚，道前定则不穷”，无不彰显着对学生个性、兴趣、潜力的尊重和对教育过程中差异、变数的包容。这些思想对当代教育仍具有重要启示意义。

当前，我国教育事业正处于深化改革、加快发展的关键阶段，培养社会主义建设者和接班人是教育工作的根本任务。而要实现这一任务，教师必须以习近平新时代中国特色社会主义思想为指导，努力践行社会主义核心价值观，将尊重、包容内化为自身修养，外化为教育行动。一方面，教师要切实尊重学生的主体地位，遵循教育规律，创新教育教学模式，激发学生的潜能，帮助其成长为全面发展的人；另一方面，教师要以开放、包容的心态对待教育改革，主动适应新形势新要求，不断更新知识结构，深化教学改革，探索符合时代特点的育人方式。唯有如此，教师才能担负起立德树人、培根铸魂的神圣使命。

四、终身学习意识

（一）自我反思与提升

自我反思与提升是中华优秀传统文化教育师资队伍建设的重要内容。教师只有不断审视自己的教学实践，总结经验教训，才能真正成为学生的引路人和指导者。在教学过程中，教师要时刻保持警醒，反思自己的教学方式是否符合学生的认知特点，是否能够激发学生的学习兴趣。同时，教师还要关注学生的反馈，虚心听取他们的意见和建议，及时调整教学策略。唯有如此，才能不断提升教学水平，为学生的全面发展提供更加优质的教育服务。

教师的自我反思不仅要关注教学方法，更要深入教育理念和价值追求的层面。作为中华优秀传统文化的传承者，教师肩负着弘扬民族精神、培育时代新人的重任。这就要求教师必须具备深厚的文化底蕴和高尚的道德情操，以身作则，率先垂范。在日常教学中，教师要经常反问自己："我是否真正理解了中华优秀传统文化的精髓？我是否将这些宝贵的精神财富融入了教学实践？我是否用自己的言行影响和感染着学生？"唯有不断追问，才能使教师的文化修养和道德涵养得到持续提升，为学生树立起榜样和标杆。

教师的自我反思和提升还应该立足于时代发展的需要。当今世界正经历百年未有之大变局，新一轮科技革命和产业变革方兴未艾。面对日新月异的时代变迁，教师必须与时俱进，不断更新知识结构，掌握新的教学技术和手段。这就要求教师要主动走出校门，积极参与教研活动，学习先进的教育理念和方法。同时，教师还要利用信息技术手段，拓宽学习渠道，提升信息素养。只有主动求知，与时俱进，才能跟上时代发展的步伐，满足学生成长的需要。

教师的自我反思和提升还需要制度保障和环境支持。学校要建立健全教师发展制度，为教师搭建自我反思和提升的平台。例如，定期组织教学研讨会，鼓励教师交流经验，分享心得；建立教学督导机制，对教师的教学过程进行指导和评估；开展教学竞赛和优质课评选，激励教师改进教学方法，提高教学水平。同时，学校还要营造良好的校园文化氛围，弘扬尊师重教的传统美德，为教师的成长创造更加宽松、和谐的环境。

（二）持续专业发展

持续专业发展是中华优秀传统文化教育师资队伍建设的重要内容。在新时代背景下，教师不仅要具备扎实的文化知识功底，更要拥有与时俱进的教育理念和不断更新知识结构的意识。只有始终保持对新知识、新技能的渴求，不断拓宽学术视野，才能适应日新月异的教育形势，满足学生日益增长的学习需求。

对于传统文化教育教师而言，持续专业发展的内涵更加丰富。教师要通过各种途径不断加深对中华优秀传统文化的认识和理解。这不仅包括系统研读经典著作，领会其中蕴含的智慧和哲理，还要深入挖掘传统文化中的教育思想和方法，将其与现代教育理念相融合。只有对传统文化有了全面而深刻的把握，才能在教学中做到深入浅出、举重若轻，激发学生的学习兴趣。

传统文化教育教师还需要与时俱进，积极吸收现代教育科学的最新成果。传统文化绝非一成不变的封闭系统，而是在与现实生活的互动中不断发展、与时代精神相融合的。因此，教师要主动学习现代教育理念和方法，探索将现代信息技术运用于传统文化教学的有效途径。通过创新教学模式和手段，不仅能够提高教学效率和质量，更能增强传统文化教育的吸引力和感染力，使之焕发出新的生命力。

教师还要注重提升自身的人文素养和道德修为。中华优秀传统文化不仅是一种知识体系，更是一种价值追求和人格塑造。教师作为传统文化的传播者和践行者，必须以身作则、言传身教。只有将传统美德内化于心、外化于行，才能以高尚的人格魅力感召学生，引导其形成正确的价值观念和道德品质。

第二节　师资培训和专业发展途径

一、中华优秀传统文化教育师资的培训内容

（一）文化基础知识培训

中华优秀传统文化教育师资的文化基础知识培训至关重要。作为传承和弘扬中华优秀传统文化的重要力量，教师必须具备扎实的文化素养和深厚的知识积淀。这不仅是开展教学活动的前提，更是引导学生树立文化自信、坚定文化认同的关键。

中华优秀传统文化博大精深，内容丰富，涵盖了文学、哲学、历史、艺术等诸多领域。教师要系统掌握中华文化的发展脉络，深刻领会其中蕴含的智慧和精髓。这需要教师广泛阅读经典著作，如《论语》《诗经》《史记》等，领悟其中的思想精华和道德理念。同时，教师还应了解不同历史时期、不同地域的文化特点，认识中华文化的多元一体性。只有对中华优秀传统文化有了全面而深入的认知，教师才能在教学中准确阐释其内涵，引导学生全面理解和认同。

教师文化基础知识的培训还应注重经典诵读和国学修养。诵读经典不仅能够熟悉和理解经典内容，更能在潜移默化中提升个人的文化素养和语言表达能力。教师应该成为经典诵读的表率，在课堂内外引导学生吟诵和品味经典篇章，感悟其中的语言之美和意蕴之美。此外，教师还应注重国学修养的提升，通过习字、品茶、抚琴等传统文化实践，陶冶情操，塑造儒雅高洁的人格魅力。唯有如此，教师才能以自身的文化修养感染和影响学生，成为学生学习和践行中华优秀传统文化的榜样。

要开展高质量的文化基础知识培训，还需要构建科学完善的培训体系。一方面，培训内容要全面覆盖中华优秀传统文化的各个领域，注重经典著作、历史典故、文化现象等方面的系统讲解。同时，要关注中华优秀传统文化的现代阐释和创新发展，引导教师把握其在当代社会的价值意蕴。另一方面，培训形式要灵活多样，线上线下相结合，理论学习与实践体验并重。可以邀请国学大师、文化名家举办讲座，组织教师参观博物馆、文化遗址，开展经典诵读、书法习字等实践活动。只有培训内容丰富充实、形式生动活泼，才能充分调动教

师的学习热情，切实提升文化素养。

（二）教学技能提升

教学技能的提升是中华优秀传统文化教育师资培训的重要内容。传统文化教育不同于一般学科教学，它不仅要传授知识，更要注重学生情感、态度、价值观的塑造。这就要求教师具备扎实的文化功底、深厚的人文情怀和精湛的教学艺术。

在专业知识方面，教师要全面系统地掌握中华优秀传统文化的核心内涵，如儒家的“仁、义、礼、智、信”、道家的“道法自然”等，深刻理解其中蕴含的智慧和哲理。同时，教师还要广泛涉猎传统文化的各个方面，如文学、历史、哲学、艺术等，形成宽广的知识视野和综合的人文素养。唯有学养深厚，方能游刃有余地驾驭教材，激发学生的学习兴趣。

在教学方法上，传统文化教育应强调体验性和互动性。教师要善于创设情境，引导学生身临其境地感受传统文化的魅力。例如，在教授诗词时，教师可以带领学生吟诵、品析，体会其中的意境和情韵；在讲授礼仪时，教师可以组织学生模拟古代的礼节场景，亲身体验“恭敬”“谦逊”的内涵。此外，教师还要注重师生互动、生生互动，通过讨论、辩论、演示等多种形式，调动学生的积极性，引导其主动参与文化学习。

在教学理念上，传统文化教育应体现人文关怀和价值引领。教师要以学生的全面发展为本，关注其情感体验和精神成长。要善于挖掘教材中蕴含的人文精神和道德理念，帮助学生形成正确的世界观、人生观、价值观。同时，教师还要注重传统文化与现实生活的结合，引导学生将所学知识内化为自身修养，外化为社会责任，成为有家国情怀、有文化担当的时代新人。

教学技能的提升离不开教师自身的不断学习和反思。一方面，教师要虚心向专家、学者请教，学习前沿的教育理念和教学方法；另一方面，教师要勇于进行教学实践，在实践中总结经验，完善艺术。通过案例分析、经验交流、教学研究等途径，教师可以有针对性地改进教学策略，不断提升专业素养和育人本领。

（三）教育理念更新

教育理念的更新是中华优秀传统文化教育师资培训中不可或缺的内容。随着时代的发展和社会的进步，传统的教育理念已经难以适应新时代对人才培养的要求。因此，在中华优秀传统文化教育师资培训中，必须重视教育理念的更新，引导教师树立与时俱进的教育观念，提升教学质量和育人水平。

教育理念是教师教育教学实践的指导思想和行为准则。一个先进、科学的教育理念能够激发教师的教学热情，优化教学方法，提高教学效果。相反，一个落后、陈旧的教育理念则会束缚教师的思维，限制教学创新，影响教育质量。在中华优秀传统文化教育中，许多教师仍然秉持着“满堂灌”“填鸭式”的教学观念，强调知识的灌输和记忆，忽视学生的主体地位和创新能力培养。这种教育理念显然与新时代对创新型人才的培养要求不相适应，亟须更新和转变。

在教育理念更新中，首要任务是引导教师树立以学生为中心的教育观念。这就要求教师充分尊重学生的个性特点和发展需求，关注学生的兴趣爱好和学习体验，激发学生的学习动机和主动性。在教学过程中，教师应该充分发挥学生的主体作用，鼓励学生积极参与、主动探究，培养学生的独立思考和问题解决能力。同时，教师还应该注重学生综合素质的培养，在传授知识的同时，重视学生品德修养、审美情趣、人文情怀等方面的塑造，促进学生全面发展。

教育理念更新要引导教师树立开放创新的教学观念。在信息技术飞速发展的今天，知识更新速度加快，教学内容和方式也在不断变革。这就要求教师具有开放的心态和创新的意识，善于学习和运用新的教育教学理论，探索新的教学模式和方法。在中华优秀传统文化教育中，教师应该积极利用现代信息技术手段，丰富教学内容，创新教学形式，增强教学的生动性和互动性。同时，教师还应该重视课程整合和跨学科教学，引导学生融会贯通、触类旁通，提升学生的知识迁移能力和创新思维能力。

教育理念更新还要引导教师树立终身学习的发展观念。在知识经济时代，教师已经不再是知识的唯一传授者，而是学生学习的引导者和促进者。这就要求教师必须具有终身学习的意识和能力，不断更新知识结构，提升专业素养。在中华优秀传统文化教育师资培训中，应该为教师搭建多元化的学习平台，提供丰富的培训资源，鼓励教师开展教学反思、教学研究和教学创新。只有不断学习、不断进步的教师，才能适应教育发展的新要求，才能引领学生践行中华优秀传统文化的精神内核。

教育理念更新是一个系统工程，需要教育主管部门、师资培训机构、学校和教师等多方共同努力。教育主管部门应该制定科学的教师培训政策，完善教师培训体系，为教师专业发展提供制度保障。师资培训机构应该立足教育发展前沿，优化培训内容和方式，为教师教育理念更新提供专业支持。学校应该营造良好的教学环境和氛围，鼓励教师开展教学改革和创新，为教师施展才华提供广阔舞台。教师则应该端正学习态度，提高学习能力，在实践中不断检验和完善自己的教育理念。

二、师资培训的实施方法与策略

（一）线上线下相结合

线上线下相结合是创新中华优秀传统文化教育师资培训模式的重要途径。随着信息技术的迅猛发展和教育理念的不断更新，传统的线下培训已难以完全满足新时代教师专业发展的需求。因此，深度融合线上学习和线下实践，构建灵活、高效、多元的培训体系，已成为提升中华优秀传统文化教育师资培训质量的关键。

线上学习具有便捷性、广泛性、开放性等突出优势。教师可以利用碎片化时间，根据自身需求选择培训内容，突破时空限制，与全国乃至全球的优秀教育工作者交流互鉴。同时，线上平台还能汇集海量的优质教育资源，为教师提供丰富多样的学习素材。通过在线课程、专题讲座、教学案例分享等形式，教师能够系统地学习传统文化知识，了解最新教育理念和方法，不断更新知识结构，提升文化素养和教学能力。

而线下实践则是巩固线上学习成果、提高教学技能的必由之路。通过集中面授、现场观摩、教学研讨等活动，教师能够将所学知识转化为教学实践，在与专家、同行的互动交流中找到解决问题的思路和方法。特别是在教学技能训练方面，线下实践能够为教师提供直观、真实的教学情境，通过模拟授课、试讲评议等环节，发现并改进教学中存在的不足，使教学更加熟练、精准、到位。

线上线下相结合的师资培训模式还有利于构建教师学习共同体，营造良好的专业成长环境。教师可以利用线上平台，与志同道合的伙伴组建学习小组，定期开展主题研讨、经验分享、问题交流等活动。而线下实践则能让教师面对面沟通，增进彼此了解，建立深厚友谊。这种跨越虚拟和现实的交流互动，能够为教师搭建起交流的桥梁，拓宽其专业视野和人脉资源，形成相互支持、共同进步的发展氛围。

（二）实践教学法

实践教学法在中华优秀传统文化教育师资培训中具有独特优势。相比于单纯的理论讲授，实践教学能够让教师更直观、更深入地感悟中华优秀传统文化的精髓。通过亲身参与传统技艺制作、传统礼仪演练等实践活动，教师能够切身体验传统文化的魅力，加深对相关知识的理解和认同。这种沉浸式的学习方式不仅能够提高教师的文化素养，更能激发其传承弘扬传统文化的责任感和使命感。

实践教学还有助于提升教师的教学技能。在实践活动中，教师需要根据教学目标设计操作流程，选择合适的教具和材料，引导学生动手实践、总结反思。这一系列环节对教师组织教学活动的能力、表达沟通的技巧都提出了更高要求。通过反复实践和探索，教师能够不断优化教学方案，创新教学方法，使教学更富吸引力和感染力。同时，在指导学生实践的过程中，教师也能深入了解学生的学习特点和需求，有针对性地进行教学设计，真正实现因材施教。

实践教学为教师搭建了交流合作的平台。在参与传统文化实践活动时，来自不同学校、不同学科背景的教师能够相聚一堂，分享彼此的教学经验和心得体会。这种跨校跨学科的交流有利于开阔教师视野，启发教学灵感，促进教学资源的共享和整合。教师还可以借助实践活动平台与非遗传承人、文化研究专家等建立联系，吸收借鉴他们在传统文化传承方面的宝贵经验，丰富完善自身的教学内容和方法。

实践教学要取得良好效果，必须坚持以学生发展为中心的理念。教师应根据学生的认知特点和兴趣爱好，精心设计实践活动内容，力求做到寓教于乐。在实践过程中，教师要给予学生充分的自主权，鼓励其大胆探索、勇于创新，培养其主动学习的意识和能力。同时，教师还应注重引导学生反思实践体验，梳理知识要点，将实践所得内化为自身修养，真正实现知行合一。

（三）专家讲座与研讨

专家讲座与研讨是中华优秀传统文化教育师资培训的重要途径。它通过邀请业界知名专家开展系列专题讲座和组织师资参与深度研讨，有针对性地提升教师的文化素养和教学能力。在讲座过程中，专家以其渊博的学识和精湛的教学艺术，引领教师全面深入地领悟中华优秀传统文化的精髓要义。他们或是从宏观层面阐述国学经典的时代价值，或是从微观角度剖析传统美德的当代意蕴，抑或是分享自身弘扬国粹、践行仁道的心得体会，为教师走近经典、感悟传统提供了多元视角和启迪引导。

专家讲座的魅力不仅在于高屋建瓴的理论阐发，更在于与古为徒的生动诠释。当一位位学贯中西、德高望重的国学大家娓娓道来，讲堂内外即涌动着求知若渴、悬梁刺股的求学热情。教师如沐春风、如饮甘霖，在聆听大家言传身教的过程中，潜移默化地提升了自身的人文素养和精神境界。他们领略到了传统文化博大精深的内涵，感悟到了民族智慧绵延不绝的力量，进而树立起传承创新、继往开来的历史使命感和文化自信心。

而在研讨环节，教师则可以打破时空界限，与古圣先贤展开亲切对话。他们或是吟诵经典名句，体味言语之间的字里行间；或是品评历史典故，揣摩前人心路的沧桑巨变；抑或是设身处地还原场景，触碰情感的律动跌宕。在这一过程中，教师逐渐学会用发展的眼光看待传统，用创新的思维诠释经典，进而真正做到知行合一、学以致用。他们在探讨交流中碰撞出思想的火花，在研习切磋中收获了智慧的结晶。

更为重要的是，专家讲座和集中研讨营造了浓郁的文化育人氛围，激发了教师潜心研学、笃志践行的内生动力。当他们聚精会神地“与先贤为伍”，当他们出神入化地“与古人同游”，心灵深处便迸发出对优秀传统文化由衷的热爱和自觉的认同。这种发自内心的情感共鸣，是滋养灵魂的甘泉，是凝聚力量的源头。它将引领教师自觉地将中华优秀传统文化内化于心、外化于行，努力成为德才兼备、全面发展的“四有”好老师。

三、师资专业发展的支持体系

（一）学校内部支持

学校在支持中华优秀传统文化教育师资专业发展方面具有不可替代的作用。作为教师职业生涯发展的主要场所，学校应为教师提供丰富多样的专业发展机会和资源，营造有利于教师成长的制度环境和文化氛围。

学校应完善教师专业发展的制度保障。学校应制订科学合理的教师专业发展规划，将中华优秀传统文化教育纳入教师培训和考核的重要内容；建立健全教师进修、访学、交流等制度，鼓励教师积极参与各类专业发展活动；设立专项经费，用于支持教师参加国内外学术会议、开展教研科研等，为教师专业发展提供物质保障。

学校应搭建多元化的教师专业发展平台。学校应充分利用校内外资源，定期开展中华优秀传统文化教育专题讲座、研讨会、经验交流会等，为教师搭建学习交流的平台；组织教师参与课程资源开发、教学改革研究等，引导教师在实践中提升专业素养；鼓励教师成立中华优秀传统文化教育教研组织，开展集体备课、说课、评课等教研活动，促进教师间的交流与合作。

学校应营造良好的专业发展文化氛围。学校应树立尊重教师、信任教师的理念，为教师营造宽松、民主的成长环境；培育“学习型”教师文化，形成人人爱学、人人善学的校园氛围；重视挖掘和宣传优秀教师典型，发挥示范引领作用，激发广大教师投身中华优秀传统文化教育的积极性和主动性；加强师德师风建设，引导教师树立高尚的职业理想和坚定的教育信念，形成良好的教书育人氛围。

学校应健全教师专业发展的评价反馈机制。学校应建立科学的教师专业发展评价指标体系，定期开展教学评估和师德考核，全面、客观地评价教师的专业发展状况；注重发挥评价的导向和激励作用，将评价结果与教师的职称晋升、岗位聘任、绩效分配等挂钩，调动教师专业发展的积极性；加强评价反馈，针对教师在专业发展中存在的问题提出改进建议，帮助教师不断提升专业水平。

（二）政府政策支持

政府是引导和支持中华优秀传统文化教育师资队伍建设的关键力量。只有政府高度重视，制定科学的政策，提供有力的支持，才能为师资培养营造良好的环境，确保人才供给的数量和质量。

政府应将中华优秀传统文化教育纳入国家教育发展的总体规划，将其视为培养社会主义建设者和接班人的重要内容。这需要在顶层设计层面统筹谋划，明确发展目标和实施路径，为师资队伍建设提供政策指引和制度保障。例如，制订专门的师资培养规划，确立培养规模、培养层次、培养模式等关键要素，形成科学合理的政策体系。

政府应加大财政投入力度，为中华优秀传统文化教育师资培养提供必要的经费支持。师资培养是一项系统工程，涉及教学设施建设、课程资源开发、实践教学组织等诸多方面，需要雄厚的资金保障。政府可通过设立专项资金，优化支出结构等方式，重点支持师范院校和相关培训机构开展传统文化师资培养，并对贫困地区予以倾斜，促进教育资源均衡配置。

政府应完善相关法律法规，为中华优秀传统文化教育师资培养提供法治保障。要把建设高素质传统文化教育师资队伍作为国家和地方立法的重要内容，从法律层面明确师资培养的地位、目标和实施途径。同时，还要建立健全教师资格认证、职称评聘、待遇保障等配套制度，为优秀人才从教创造良好环境。

（三）社会资源整合

社会资源的整合对于中华优秀传统文化教育师资队伍的建设具有重要意义。在新时代背景下，培养合格的中华优秀传统文化教育师资需要各方力量的通力协作。学校作为师资培训的主阵地，应积极发挥主导作用，整合各类社会资源，为教师专业发展提供全方位支持。

学校可以与相关高校、科研机构建立战略合作关系，引进优质的教学资源和学术资源。通过与高校合作开展教师培训项目、联合开发课程资源，学校能够为教师提供系统化、专业化的学习机会，帮助其及时更新知识结构，提升教学能力。同时，科研机构的参与能够为教师带来前沿的研究动态和创新思维，激发其教学灵感，推动教学实践的创新。

学校应主动对接地方文化资源，将博物馆、图书馆、非遗传习所等纳入教师培训体系。这些文化场所蕴藏着丰富的历史文化遗产，是中华优秀传统文化的重要载体。通过组织教师参观学习、现场体验，学校能够帮助教师直观地感悟传统文化的魅力，深化其文化认同，进而在教学中更好地传承和弘扬民族文化。此外，非遗传承人作为传统文化的活态传人，其身上凝结着宝贵的文化基因和精神财富。学校可以邀请他们走进校园，与教师面对面交流，传授独特的文化技艺和思想智慧，为教师的专业成长提供难得的文化滋养。

学校还应积极对接社会企业，争取多方支持。一方面，学校可以与出版社、媒体机构等合作，共同开发中华优秀传统文化教育的课程资源和宣传产品，为教师教学提供优质的素材支撑；另一方面，学校可以引入企业的资金和技术支持，改善教师培训的硬件设施，创设沉浸式、体验式的学习环境。此外，企业的参与还能为教师培训带来新的视角和活力，如引入创新创业教育、项目化学习等理念，激发教师的创新意识和实践能力。

学校还应重视社区和家庭教育资源的整合。学校应加强与社区的联系，鼓励教师走进社区，参与传统文化的传承实践，在与社区居民的互动中汲取文化养分，提升文化自信。同时，家庭是学生接受传统文化熏陶的重要场所，家长是传统文化教育的重要力量，学校应注重发挥家长资源，定期举办家长讲座、亲子活动，引导家长积极参与传统文化教育，形成学校、家庭协同育人的合力。

第三节　优秀传统文化教育师资团队的构建

一、师资团队的组织结构设计

（一）组织层级划分

师资团队是中华优秀传统文化教育事业持续、健康发展的中坚力量，其组织层级划分对于教育教学质量的提升具有重要意义。科学、合理的组织层级设计能够明晰教师角色定位，优化资源配置，提高管理效率，为文化传承与创新提供坚实保障。

中华优秀传统文化教育师资团队的组织层级划分应遵循因材施教、人尽其才的原则。团队成员的学术背景、研究方向、教学经验等要素都需要纳入考量，在此基础上搭建起与团队使命相匹配的组织架构。通常，教授、副教授等高级职称教师处于金字塔结构的顶端，发挥着统筹规划、把控方向的决策功能。他们以深厚的文化素养和广博的学术视野，引领团队践行立德树人的根本任务。中层的讲师、助教等骨干教师则承担着教学一线的主体责任，在教授指导下开展各项教育教学活动。他们扎根课堂，与学生打成一片，是文化知识传播的直接力量。而初级的助教、研究生则处于组织层级的基础环节，协助开展教学和科研工作，逐步积累经验，接受熏陶和锻炼。

合理的层级划分有利于形成梯队化的人才培养格局。通过老中青教师间的传、帮、带，教学理念、学术方法等可以在团队内部充分传承，形成可持续发展的良性循环。同时，不同层级教师的互补与协作，能够推动教学内容的创新升级。一方面，资深教师提供宏观思路和深邃洞见，推陈出新，激发团队活力；另一方面，青年教师贴近学生，把握时代脉搏，将前沿科技融入传统文化教育，不断增强教学的时代性和吸引力。

层级分明的组织结构也为团队管理提供了清晰框架。在职责边界明晰的情况下，既可以发挥集体智慧，民主决策，又能提高决策效率，确保令行禁止。分工的专业化、精细化程度进一步提升，避免出现职能交叉、责任模糊等问题。

与此同时，组织层级的设置还应兼顾灵活性，为教师的跨层交流、凭实力晋升提供通道。唯有如此，才能最大限度地调动团队成员的积极性，焕发教书育人的使命感和责任感。

（二）职责分工

在优秀传统文化教育师资团队构建中，职责分工是确保教学质量和团队整体效能的关键。一个高效的团队需要明确各成员的职责，并确保他们之间的紧密协作。

团队领导与管理者负责制定整体的发展战略和教学方向，他们需要深入研究优秀传统文化的内涵，并把握教学的重点和难点。同时，他们还要负责协调团队成员之间的工作，确保各项教学任务和活动的顺利推进。在资源调配方面，团队领导需要合理调配教学资源，包括课程资料、教学设备以及外部专家的引入。此外，他们还要致力于团队建设，营造积极向上的团队氛围，提升团队凝聚力和执行力。

课程设计与开发者在团队中扮演着至关重要的角色。他们需要根据学生的需求和特点，设计科学合理的课程内容，包括明确的教学目标、丰富的教学内容以及有效的教学方法。同时，他们还要参与或负责教材、教辅资料的编写和修订工作，确保教学资源的准确性和适用性。在课程实施过程中，他们还需要对教学效果进行评估，收集学生、教师及其他利益相关者的反馈意见，不断优化课程设计。

教学实施者是团队中与学生直接互动的关键角色。他们负责具体的教学工作，运用多种教学方法和手段激发学生的学习兴趣，提高教学效果。同时，他们还要针对学生的学习情况提供个性化的辅导和帮助，及时批改学生作业并给予具体、有针对性的反馈意见。此外，教学实施者还需要与家长保持密切联系，沟通学生的学习情况和表现，共同促进学生的全面发展。

师资培训与提升者在团队中负责提升教师的教学水平和专业素养。他们需要参与师资招聘工作，吸引高素质、有潜力的教师加入团队。同时，他们还要组织定期的专业培训和学术交流活动，帮助教师不断更新教学理念和方法。在教师的职业发展规划方面，他们需要为教师提供建议和支持，帮助他们实现个人成长和职业发展目标。此外，他们还要对教学质量进行监控和评估，确保教学质量达到预定标准。

学生活动组织者在团队中负责策划和组织与优秀传统文化相关的课外活动、

竞赛、展览等。他们需要引导学生积极参与活动，激发学生对传统文化的兴趣和热情。同时，他们还要对活动效果进行评估和总结，提出改进意见和建议。在资源协调方面，他们需要确保活动所需的人力、物力、财力等资源的充足和有效利用。

二、师资团队的选拔与任用标准

（一）选拔条件

中华优秀传统文化教育师资的选拔，需要从个人素质、专业能力、教学实践经验等多方面进行全面考量。教师应具备深厚的传统文化素养和高尚的道德情操。优秀的传统文化教育工作者，不仅要对国学经典、历史典故、传统艺术等有深入的理解和体悟，更要以身作则，言传身教，将中华民族的优秀品质内化于心、外化于行。只有自身修为深厚、德行高洁的教师，才能真正引导学生树立正确的人生观、价值观，激发其传承和弘扬中华优秀传统文化的使命感和责任感。

扎实的专业知识和过硬的教学能力是传统文化教育师资必备的基本素质。教师要系统掌握传统文化的发展脉络、思想精华和时代价值，深刻领会儒、道等思想的核心要义。同时，教师还应具备渊博的相关学科知识，能够从哲学、历史、文学、艺术等多个维度阐释传统文化的丰富内涵。在教学方法上，教师应该根据学生的认知特点和接受能力，灵活运用讲授、讨论、案例分析、情境体验等多种方式，将深奥的文化知识转化为通俗易懂、生动有趣的教学内容，调动学生的学习兴趣，提高教学效果。

丰富的教学实践经验也是传统文化教育师资选拔的重要标准。优秀的教师往往具有多年的一线教学经历，深谙教书育人的规律和艺术。他们能够根据教学内容和学生特点，设计出科学合理的教学方案，引导学生主动参与、积极思考，实现知行合一。同时，经验丰富的教师还具有敏锐的洞察力和应变能力，能够及时发现并解决教学中遇到的困难和问题，不断优化和改进教学策略，提升教学水平。

选拔传统文化教育师资，还需要注重教师的创新意识和研究能力。在传统文化的传承和发展中，教师不仅要忠实于经典，更要与时俱进，立足当代，着眼未来。优秀的教师应该勇于探索传统文化教育的新理念、新方法，将现代教育技术与传统文化教学有机结合，开发出寓教于乐、情景交融的教学模式。同时，教师还应积极开展教学研究，深入挖掘传统文化的时代价值和教育资源，将研究成果应用于教学实践，不断推动传统文化教育的创新发展。

（二）任用程序

师资队伍的选拔与任用是中华优秀传统文化教育事业健康持续发展的关键环节。严格规范的任用程序不仅能够保证教师队伍的质量，更能彰显对传统文化教育事业的重视和教书育人的庄严使命感。

任用程序的核心在于建立科学合理的遴选机制。应明确教师岗位的基本要求和任职条件，包括学历背景、专业素养、教学经验、师德修养等，为候选人的资格审查提供客观标准。要采取多元化的考核方式，综合评估应聘者的综合素质和发展潜力。笔试可以考查其专业知识的深度和广度；面试能够直观了解其言谈举止、语言表达、仪表气质等；试讲则能检验其教学设计、课堂组织、教学艺术等能力。遴选过程要做到公开透明、程序规范，杜绝暗箱操作，以平等竞争、择优录取为原则，切实把那些热爱教育事业、具备优秀传统文化素养的优秀人才吸纳到教师队伍中来。

任用程序的关键还在于完善的聘用管理。通过签订聘用合同，明确教师的岗位职责、权利义务、考核标准、薪酬待遇等，既规范用人行为，又保障教师的合法权益。实行聘期制管理，定期开展教学评估、师德考核，建立优胜劣汰的动态调整机制。对于那些教学效果突出、师生反响良好的优秀教师，要给予表彰奖励，并在职称评定、职务晋升等方面予以倾斜，充分调动广大教师的积极性和创造性。对于不能胜任教学工作、师德表现欠佳的教师，则要及时予以劝退或解聘，保证教师队伍的纯洁性和先进性。

科学合理的任用程序还应体现以人为本的理念。注重人文关怀，尊重教师的个性发展，为其搭建成长成才的广阔平台。完善教师培养培训机制，有计划、有重点地提升教师的业务水平和教科研能力。营造民主和谐、积极向上的工作氛围，加强教师之间的沟通交流，增强团队凝聚力和向心力。构建完善的福利保障体系，在教师住房、子女教育、退休养老等方面提供必要帮助，解除后顾之忧，让教师们全身心地投入传统文化教育事业。

（三）资格认证

传统的教师资格认证标准往往过于强调学历和专业背景，而忽视了教师的实际教学能力和综合素质。这种认证模式难以全面评估教师的育人潜质，也无法激励教师不断提升自身水平。为了突破这一局限，我们必须创新教师资格认证标准，建立科学、规范、多元的认证体系。

教师资格认证应重视教学实践能力的考查。中华优秀传统文化蕴含着丰富的哲学思想、人文精神和道德理念，对于青少年的健康成长具有重要意义。但要将这些抽象的文化内涵转化为学生可感、可知、可行的品格养成，对教师的教学艺术提出了很高要求。因此，在认证过程中，不仅要考查申请人的学科专业知识，更要注重其课堂教学、活动指导、育人实践等方面的实际操作能力。可以采取随堂听课、现场答辩、模拟教学等多种方式，多角度、多层次地评估申请人的教学水平。只有具备扎实的教学功底和丰富的教学经验，才能成为合格的中华优秀传统文化教师。

教师资格认证应强化师德师风考核。教师承担着传播知识、传播思想、传播真理，塑造灵魂、塑造生命、塑造新人的时代重任。中华优秀传统文化教育不仅要传授学生知识技能，更要引导其形成正确的世界观、人生观、价值观。这就要求教师必须具备高尚的道德情操和健康的心理品质。在认证过程中，要将师德师风作为重要考核内容，可以通过个人陈述、同事评议、学生反馈等方式，深入了解申请人的思想状况和行为表现。对师德师风存在问题，特别是关注违反教师职业道德的言行，必须坚决予以淘汰，确保每一位走上讲台的教师都能够以德立身、以德施教、以德育人。

教师资格认证应注重教育情怀和传承意识的考查。中华传统文化博大精深，需要教师具备深厚的文化积淀和民族情怀，主动担负起文化传承的历史责任。在认证过程中，要考查申请人对中华优秀传统文化的理解和认同程度，考查其弘扬民族精神、传承文化遗产的意识和行动。可以要求申请人提交个人的文化学习和传承实践总结，或者撰写弘扬中华优秀传统文化的教学设计。通过考查申请人的文化素养和家国情怀，遴选出一批有理想、有追求、有担当的文化传人。

教师资格认证应坚持开放包容、与时俱进。随着社会的发展和教育的变革，中华优秀传统文化教育也面临着新的机遇和挑战。教师必须与时俱进，不断更新知识结构，创新教学方式，提升信息化应用能力。在认证标准中，应为新的教育形态、新的教学方法预留空间。既要尊重教育教学规律，又要鼓励先进理念和创新实践，为优秀人才的脱颖而出提供制度保障。

三、师资团队的合作与沟通机制

（一）内部沟通渠道

在优秀传统文化教育师资团队的合作与沟通机制中，内部沟通渠道是一个多元化、互补性的体系，它确保了团队的高效运作和信息的顺畅传递。这些沟通渠道不仅促进了团队成员之间的相互理解和协作，还极大地提升了教学质量和团队的整体效能。

团队内部建立了多种正式沟通渠道，如定期的团队会议、部门会议和项目会议，这些会议为团队成员提供了讨论教学进度、学生反馈、资源调配等重大问题的平台。同时，书面报告与反馈机制也被广泛应用，鼓励团队成员通过书面形式向上级或相关部门汇报工作，并确保学生的反馈意见能够及时传达给相关教师和管理人员。此外，电子邮件与内部通信系统作为现代沟通工具，也在团队内部发挥着重要作用，它们用于发送重要通知、文件共享和日常沟通，具有实时性、可追溯性和正式性等特点。

除了正式沟通渠道，团队还非常重视非正式沟通渠道的建设。即时通讯工具如微信、QQ 等被广泛应用于团队成员之间的日常交流，这些工具具有便捷性、实时性和私密性等特点，有助于团队成员之间的快速沟通和信息共享。同时，面对面交流也被鼓励，特别是在处理复杂问题或需要深入讨论时，这种沟通方式能够增进彼此之间的了解和信任。此外，定期的团建活动也为团队成员提供了非正式沟通的机会和平台，增强了团队凝聚力。

在实际操作中，团队注重正式沟通渠道与非正式沟通渠道的融合。根据沟通内容和情境的不同，灵活切换沟通渠道，以确保信息的全面传递和及时反馈。同时，充分发挥不同沟通渠道的优势，形成互补效应。正式沟通渠道适用于处理重要事务和决策，具有正式性、可追溯性和规范性等特点；而非正式沟通渠道则更加灵活和便捷，适用于日常交流和信息共享。

（二）团队协作方式

优秀传统文化教育师资团队的高效协作是其发挥育人功能、实现教学目标的关键。团队成员之间的默契配合和相互支持，能够形成教学合力，提升教学质量。为了达成这一目标，需要建立科学合理的团队协作机制。

团队应该建立明确的责任分工和协作流程。根据每位教师的专业特长和教学经验，合理分配教学任务，明确各自的职责范围。同时，制订规范的教学计划、备课方案、教学评价等流程，确保教学活动的有序开展。在此基础上，教师之间还应该加强沟通交流，及时分享教学心得和经验，共同探讨教学难点和疑点，形成教学互助机制。

团队协作应该坚持“以学生为中心”的理念。优秀传统文化教育不仅要传授知识，更要注重学生综合素质的提升。因此，教师在设计教学内容、选择教学方法时，应该充分考虑学生的认知特点、兴趣爱好和发展需求。通过集体备课、听评课等方式，教师可以相互启发，不断优化教学方案，提高教学的针对性和实效性。同时，教师还应该关注学生的学习状态和思想动态，通过谈心谈话、家校沟通等途径，及时发现和解决学生的困惑和问题，给予必要的指导和帮助。

团队协作还应该营造民主、平等、包容的氛围。每位教师都应该拥有平等的话语权，能够自由表达自己的观点和看法。团队成员之间要相互尊重、相互包容，虚心听取不同声音，兼收并蓄，取长补短。对于教学中出现的问题和分歧，大家要本着求同存异的原则，通过理性讨论和深入研究，找到最佳的解决方案。这种民主协商、平等对话的氛围，不仅有利于教师个人的专业成长，也能够增强团队的凝聚力和向心力。

高效的团队协作离不开科学的绩效考核和激励机制。学校应该建立公平、公正的教师绩效评价体系，综合考查教师的教学质量、科研成果、育人实效等多方面表现。对于表现优异、贡献突出的教师，要给予物质奖励和精神鼓励，充分调动其工作积极性和创造性。同时，还应该为教师搭建专业发展平台，提供继续教育、学术交流等机会，帮助其不断更新知识，提升能力。这种正向激励机制能够形成良性竞争，推动团队整体素质的提高。

（三）冲突解决机制

在优秀传统文化教育师资团队建设中，建立健全冲突解决机制至关重要。传统文化蕴含着丰富的人文精神和道德智慧，教师在传承这些宝贵财富的过程中，难免会因观念差异、利益冲突等问题产生分歧和矛盾。如果这些矛盾得不到及时有效地化解，不仅会影响教学质量，损害学生利益，更会破坏团队的凝聚力和向心力，阻碍传统文化教育事业的健康发展。因此，构建科学合理的冲突解决机制，已经成为优秀传统文化教育师资团队建设的重中之重。

冲突解决机制的构建要立足师资团队的实际情况，遵循教育规律和人性化原则。首先，要建立畅通的沟通渠道，鼓励教师通过协商对话、交流反馈等方式表达自己的诉求，化解心中的疑虑。领导干部要以开放包容的心态倾听不同声音，充分尊重教师的主体地位，体谅他们的难处。其次，要建立公平公正的裁决程序，对于无法通过协商解决的矛盾，要组织听证会、评议会，邀请相关方阐述情况，并由公认的权威人士做出裁决。裁决要有法可依、有理可循，真正做到不偏不倚、有错必纠。最后，要营造互助友爱的团队氛围，开展形式多样的联谊活动，增进教师之间的了解和信任。大家要相互体谅、相互包容，用爱心化解矛盾，用真诚消除隔阂，共同营造良性互动的人际关系。

冲突解决机制的有效运行，还需要制度保障和文化支撑。一方面，要完善相关规章制度，明确冲突处理的原则、程序和责任，为矛盾化解提供制度遵循。制度的制定要广泛听取教师意见，要接地气、讲人情，切实维护教师的合法权益。另一方面，要大力弘扬中华优秀传统文化，用传统美德引导教师心灵，化解内心戾气。“天下为公”的公心，“己所不欲，勿施于人”的换位思考，“三人行必有我师焉”的好学谦让，无不彰显了中华文明的道德智慧。

四、师资团队的激励与考核体系

（一）激励措施

有效的激励措施是提升师资团队教学质量和工作积极性的重要保障。在中华优秀传统文化教育的师资队伍建设中，科学合理的激励机制能够充分调动教师的主观能动性，激发其教学热情和创新动力，推动教学水平的不断提升。

从物质激励的角度来看，学校应建立与教师工作业绩相匹配的薪酬体系。对于在教学、科研、社会服务等方面表现优异的教师，学校可以通过绩效工资、奖金等形式给予重奖，以肯定其付出和贡献。同时，学校还应完善教师福利保障制度，在住房、医疗、子女教育等方面提供必要的支持和帮助，让教师能够全身心地投入教学工作，无后顾之忧。

从精神激励的角度来看，学校应营造尊重教师、关心教师的良好氛围。学校领导应充分认识教师工作的重要性和特殊性，给予教师更多的信任和支持。通过教师座谈会、教学研讨等形式，学校可以为教师提供交流和成长的平台，倾听教师的心声和诉求。对于教学业绩突出的教师，学校应通过表彰大会、宣传报道等方式，大力宣传其先进事迹，树立典型榜样，激励更多教师争先创优。

从发展激励的角度来看，学校应为教师提供持续成长和发展的机会。定期组织教师参加教学技能培训、学术交流等活动，帮助教师拓宽视野，更新知识，提升教学水平。鼓励教师在职攻读更高学历，参与国内外访学进修，为其专业发展提供必要的经费支持。同时，学校还应完善教师职称晋升制度，为教师的职业发展提供清晰的路径和通道，增强教师的获得感和归属感。

从人文关怀的角度来看，学校应努力为教师营造温馨、和谐的工作环境。关注教师的身心健康，定期组织体检和心理健康辅导，帮助教师缓解工作压力。在教师生日、节日等特殊日子，学校可以通过送上祝福、慰问品等形式，让教师感受到组织的关爱和温暖。同时，学校还应积极为青年教师解决婚恋、育儿等实际困难，增强其归属感和幸福感。

（二）考核标准

建立科学合理的师资考核标准是优化中华优秀传统文化教育师资队伍的重要举措。考核标准应当立足教育教学实际，紧密围绕教师的教学能力、学术水平、师德修养等核心要素，构建起全方位、多层次的评价体系。在制定考核标准时，要坚持以人为本、全面发展的理念，不仅要注重教师的教学业绩和科研成果，更要关注其思想品德和综合素养的提升。

具体而言，考核标准应涵盖教学质量、科研能力、教学反思、团队合作、师德表现等多个维度。在教学质量方面，可以通过学生评教、同行评议、督导评估等方式，全面考查教师的备课质量、课堂组织、教学方法、教学效果等；在科研能力方面，可以评估教师的学术论文发表情况、科研项目参与度、教研成果转化应用等；在教学反思方面，可以考查教师撰写教学日志、开展教学研讨、参与教学沙龙的情况；在团队合作方面，可以评价教师参与教学团队建设、开展协同备课、指导青年教师成长的表现；在师德表现方面，可以考查教师的思想政治素质、职业道德操守、教书育人情怀等。

建立科学合理的考核标准只是第一步，更为关键的是要严格落实考核，确保考核工作的客观公正。考核不应是一次性的、静态的评判，而应该是一个持续性的、动态的过程。教师的考核结果不仅要与其职称评定、岗位聘任挂钩，更要作为其自我提升、自我完善的重要参照。考核过程中要充分尊重教师主体地位，鼓励教师参与考核指标设计、考核方案制订等，提高考核工作的透明度和教师的参与度。

考核不应局限于奖优罚劣，更应注重发现问题、解决问题、促进提升。对于考核中发现的问题和不足，主管部门和学校应及时与教师沟通反馈，提出改进意见和建议，并提供必要的政策支持和条件保障，帮助教师查漏补缺、提升能力、优化发展。只有建立起科学规范的考核标准，严格落实考核工作，才能真正发挥考核的指挥棒作用，激发教师的内生动力，不断提升中华优秀传统文化教育的师资水平和人才培养质量。

参考文献

[1] 苗青. 中华优秀传统文化与高校青年教育管理研究 [M]. 北京：新华出版社，2022.

[2] 刘希. 中华优秀传统文化员工教育读本 [M]. 北京：中华工商联合出版社，2019.

[3] 苏金良，卢洪利，王洪霞. 中华优秀传统文化启蒙教育导论 [M]. 长春：吉林人民出版社，2019.

[4] 李欢，张杰，曾菊. 中华优秀传统文化与青少年教育研究 [M]. 长春：吉林大学出版社，2020.

[5] 朱忠义. 中华优秀传统文化精粹 [M]. 北京：北京理工大学出版社，2021.

[6] 陈涵平. "大中小幼"中华优秀传统文化教育一体化建设研究与实践 [M]. 广州：广州中山大学出版社，2023.

[7] 杨朝晖，段玥婷. 全球化背景下中华优秀传统文化与大学生思想政治教育的融合研究 [M]. 天津：天津人民出版社，2020.

[8] 龙蟠河，王登洋. 中华优秀传统文化教育 [M]. 北京：北京时代华文书局，2019.

[9] 王安忠. 中华优秀传统文化教育多维研究 [M]. 北京：新华出版社，2022.

[10] 柳玉国. 中华优秀传统文化教育读本 [M]. 青岛：青岛出版社，2020.

[11] 艾萍. 优秀传统文化的教育视角研读 [M]. 长春：吉林出版集团股份有限公司，2020.

[12] 李志毅. 优秀传统文化的现代教育价值探索 [M]. 北京：北京工业大学出版社，2023.

[13] 潘俊鲜，石慧，白晓丽. 中华优秀传统文化 [M]. 北京：中国言实出版社，2023.